모두가
힘들다고 할 때
기회가 있다

모두가
힘들다고 할 때
기회가 있다

성공하는 1%가 세상을 보는
120가지 다른 시선

insight into the world

Insight

습관적으로 하는 일의 30%를 과감히
없애라 새로운 일을 시작하기 전에, 먼저
불필요한 일을 정리하라. 가짜 일과 진짜
일을 구분하고, 습관적으로 하던 일들을
재점검하라. 정리할 일을 4가지로 분류
해보자 "하지 않아야 할 일", "하지 않아(

한근태 지음

글의온도

들어가는 글

모두가 맞다고 할 때 의심하라 · 12

1부. 앞이 보이지 않는다면 당신의 관점을 의심하라

1. 워런 버핏은 계획을 세우지 않는다 · 22

2. 하루키가 거인이 된 진짜 이유 · 24

3. 지름길에는 숨겨진 비용이 있다 · 26

4. 본캐에 올인하라: 세상은 장인을 원한다 · 28

5. 실력이 부족할수록 자기 객관화가 어렵다 · 30

6. 전문가가 글을 쓰는 게 아니라 글을 써야 전문가가 된다 · 32

7. 중간이 가장 위험하다 · 34

8. 효율의 역설: 쓸모없는 것이 세상을 지킨다 · 36

9. 좋아하는 일보다 싫어하는 일을 먼저 찾아라 · 38

10. "지금은 당연한 그 사실을 그때는 왜 몰랐을까?" · 40

11. 글쓰기는 육체노동이다 · 42

12. 진짜 노하우는 스스로 터득하는 것이다 · 44

13. 담대한 목표, 그리고 작은 성공의 힘 · 46

14. 멀티태스킹의 치명적 허상 · 48

15. 목소리가 커지는 이유, 보고서가 길어지는 이유 · 50

16. 학점 4.0은 성공의 함정이다 · 52

17. 지속 가능한 사업가의 6가지 원칙 · 54

18. 책 읽는 당신에게 주어진 특별한 능력 · 56

19. 일을 오래 했다고 통찰이 생기지는 않는다 · 58

20. 배우기 위해 꼭 실패를 해야 할까? · 60

21. 공부하는 법을 공부하라 · 62

22. 지식에도 유통기한이 있다 · 64

23. 애매모호함의 비용 청구서 · 66

24. 사람은 바뀔 수 있는가? · 68

25. 회사에서 정치 따위는 필요 없다고? · 70

26. 남들이 외면하는 곳에 숨은 기회가 있다 · 72

27. 좋아하는 일을 찾으려면 싫어하는 일도 할 수 있어야 한다 · 75

28. 세상이 날 알아주지 않는 게 아니라, 내가 세상을 모르는 것 · 78

29. 실패는 권장하되, 실수는 경계하라 · 80

30. 당신의 순서는 틀렸다 · 82

2부. 고수는 다르게 본다: 프레임 밖에서 본 진실

1. 공짜 티켓이 과연 공짜일까? · 86

2. 안전지대의 함정 · 88

3. 강한 놈과 싸워야 강해진다고? · 90

4. 미친 사람은 없다, 각자의 상황에선 모두 합리적이다 · 93

5. 무지가 주는 힘: 알면 못 할 일들의 축복 · 96

6. 비워야 새로운 것이 들어온다 · 98

7. 확신은 무지에서 비롯된다 · 100

8. 지식의 시대에서 통찰의 시대로 · 102

9. 욕심을 버리면 행복해질까? · 104

10. 문제를 외면하면 더 크게 돌아온다 · 106

11. 자유가 커질수록 자유가 줄어드는 이유 · 108

12. 천직은 없다 · 110

13. 착각도 때로는 약이 된다 · 114

14. 포기도 전략이다 · 116

15. 성공이 위험이고 실패가 기회다 · 118

16. 비결을 알면 오히려 성공하기 어렵다 · 120

17. 한 우물을 파는 것이 정답일까? · 122

18. 느슨한 집중의 힘 · 124

19. 불안함이 주는 단단함 · 126

20. 모르기 때문에 강할 수 있다 · 128

21. 새로운 시선, 세상을 바꾸다 · 130

22. 선두의 함정, 후발의 지혜 · 132

23. 소수의 고집이 표준이 되는 이유 · 134

24. 의식하지 않은 습관이 구원한다 · 136

25. 과거의 성공이 독이 되는 순간 · 138

26. 고수는 평균을 따르지 않는다 · 140

27. 모두 특별하다는 것은 아무도 특별하지 않다는 말이다 · 142

28. 동기는 '부여'할 수 없다 · 144

29. 아는 만큼 의심하라 · 146

30. 예민함은 단점이 아니라 무한한 가능성이다 · 148

3부. 역발상의 힘, 삶을 혁신하다

1. 규제와 제한이 만드는 또 다른 기회 · 152

2. 혁신은 불평등에서 피어난다 · 154

3. 성과급이 낳은 저성과의 역설 · 156

4. 중심이 꼭 있어야 할까? · 158

5. 금지가 만드는 자유 · 160

6. 법 없이 살 수 있다는 착각 · 162

7. 소통을 줄여 성공을 키운 아마존 · 164

8. 정주영 회장은 무대뽀가 아니다 · 166

9. 파워포인트를 꼭 써야 할까? · 168

10. 행복한 나라의 불행, 불행한 나라의 행복 · 170

11. GDP가 올라갈수록 잘사는 걸까? · 172

12. 가진 힘의 80%만 쓰기 · 174

13. 헌 것 속에 새로움이 있고, 새로움 속에 헌 것이 있다 · 176

14. 누군가 던진 공을 반드시 잡을 필요는 없다 · 178

15. 유연함이 만드는 진정한 승리 · 180

16. 변하지 않는 사랑은 사랑이 아니다 · 182

17. 배운 것을 완전히 내 것으로 만들려면 · 184

18. 이메일을 금지한 이유 · 186

19. 사과를 잘하는 사람의 연봉이 높은 이유 · 188

20. 사람의 속마음을 알면 좋을까? · 190

21. 몸이 마음을 결정한다 · 194

22. 인생에 짐이 없으면 홀가분할까? · 196

23. 공감대 형성은 항상 좋은 것일까? · 198

24. 굴러온 돌이 있어야 박힌 돌도 득을 본다 · 200

25. 쓴소리가 진실일 가능성이 높다 · 202

26. 마라톤 1등과 꼴등 중 누가 더 피곤할까? · 204

27. 여성들을 이해하는 스몰 데이터에 비즈니스 기회가 있다 · 206

28. 싫어하는 일에서 찾는 진짜 기회 · 208

29. 남들의 위로 속으로 도망가지 마라 · 210

30. 선한 일도 효과적으로 해야 한다 · 212

4부. 상식 밖에서 찾는 인생의 해법

1. '할 수 없다'고 말할 때 비로소 자유로워진다 · 216

2. 현실을 있는 그대로 바라보면 길이 보인다 · 218

3. 몸이 먼저다: 멘탈은 체력에서 나온다 · 220

4. 인생의 전환점은 예고없이 온다 · 222

5. 힘든 게 당연해, 그게 성장의 신호야 · 224

6. 10%보다 10배가 더 쉽다 · 226

7. 지금보다 한 단계 위에서 보는 훈련 · 229

8. 가짜 감정에 속지 마라 · 232

9. 실패가 가치 있으려면, 새로운 시도여야 한다 · 234

10. 집착할수록 멀어지는 것들 · 236

11. 후회는 우리를 성장시키지 못한다 · 238

12. 불편함이 주는 생기 · 240

13. 세상에서 가장 힘든 일은 아무것도 하지 않는 것 · 242

14. 쓸모에 대한 상대성이론 · 244

15. 무조건적 신뢰의 함정 · 246

16. 용서의 역설: 기억해야 자유로워진다 · 248

17. 비관적 낙천주의자로 살아간다는 것 · 251

18. 불확실성을 껴안을 때 미래가 열린다 · 254

19. 허들은 넘는 것이지 피하는 것이 아니다 · 256

20. 잘 듣기만 해도 문제가 풀린다 · 258

21. 부부간의 친밀감을 유지하려면 · 260

22. 쓸데없음의 쓸모: 무의미해 보이는 순간들이 빚어내는 가치 · 262

23. 앞이 보이지 않으니 살아가는 것이다 · 264

24. 목표를 잊어야 목표에 다가간다 · 266

25. 사람은 평등할까: 차이 인정이 평등의 시작 · 268

26. 좋은 의도가 왜 나쁜 결과를 부르는가 · 270

27. 질서가 늘 좋은 것일까? · 272

28. 절정에 있다는 의미: B급이 오래가는 이유 · 274

29. 달리면서 보이는 것들이 더 많다 · 276

30. 좋은 회사에서 나쁜 상사와 일하라 · 278

모두가 맞다고 할 때 의심하라

"밥심으로 산다."

"삼시 세끼가 보약이다."

우리는 이런 말들을 의심 없이 받아들이며 살아왔다. 물론 맞는 말도 있지만, 틀린 말이 더 많아지고 있다. 과연 이 말들이 지금도 유효할까? 나이가 들수록 이런 통념이 오히려 독이 될 수 있다. 삼시 세끼를 꼬박꼬박 챙겨 먹다가는 당뇨에 걸릴 가능성이 높아진다. 실제로 나는 몇 년 전부터 하루 두 끼만 먹는다. 소화도 잘 안 되고 과다한 탄수화물 섭취가 건강에 좋지 않다는 걸 깨달았기 때문이다.

우리는 수많은 통념의 감옥에 살고 있다. "공부만 잘하면 성공한다", "성적이 좋으면 법대나 의대를 가야 한다", "한 우물만 파야 한다" 등의 말들이 그렇다. 하지만 과연 급변하는 시대에도 이런 통념들이 여전히 유효할까? 예전에 통했던 공식이 지금도 통할까?

통념을 깨야 보이는 진짜 문제

내가 통념과 처음으로 충돌한 것은 서울대 입학 후였다. 당시만 해도 "서울대만 가면 여자들이 줄을 설 것"이라던 어머니의 말씀을 의심 없이 믿었다. 하지만 현실은 달랐다. 그때 처음으로 어머니의 말씀이, 아니 세상의 통념이 틀릴 수 있다는 것을 깨달았다. 하지만 다른 통념들은 여전히 믿었다. "군대만 다녀오면 괜찮아진다", "직장만 잡으면 뭔가 풀린다", "박사 학위만 따면 만사형통이다"…. 나는 이 모든 통념의 길을 충실히 걸었다. 힘든 군대도 참고 마쳤고, 괜찮은 직장에 취직해 열심히 일했으며, 국비 장학생으로 선발되어 미국에서 박사 학위도 받았다. 남들보다 특별히 뛰어나진 않았지만, 중간은 간다고 자부했다.

하지만 예상과 달리 살림은 펴지지 않았다. 오히려 살수록 점점 더 삶이 팍팍해졌다. 도대체 뭐가 잘못된 걸까? 모두가 하라는 대로, 모두가 맞다고 하는 대로 살았는데 왜 이럴까? 이런 의문이 쌓이면서 나는 많은 것을 의심하기 시작했다. 겉으로 드러내진 못했지만, 사회적 통념에 대해 다시 생각하고 저항하기 시작했다. 그러자 신기하게도 그동안 보이지 않던 문제점과 허점이 보이기 시작했다. 이는 곧 문제 해결의 실마리가 되었다.

대기업 도장공장에서 보낸 책임자 시절이 대표적이다. 박사 학위 소지자를 생산 현장에 보내지 않는 것이 당연하던 시절이었지만, 낮은 직행률 때문에 고민하던 사장님이 나를 생산 라인으로 파견했다. 당시 나는 1년 안에 문제를 해결하라는 미션을 받았는데, 도장도 도료도 공장도 아는 게 하나도 없는 내가 뭘 할 수 있을까 의문이었다. 하지만 답은 내야겠기에 현장을 샅샅이 뒤지고, 관련자들을 만나 원인을 찾아 나섰다.

흥미로웠던 것은 모든 사람이 전문가처럼 자신만의 진단을 내놓았다는 점이다. "도료가 불량이다", "설비가 노후됐다", "입지 선정이 잘못됐다", "작업자들이 서툴다", "부서장이 자주 바뀌어 일관성이 없다", "노조가 말을 안 듣는다" 등등 제각각이었다. 이들의 진단을 종합하면 한 마디였다. "이 공장은 회생 불가능하니 시간 낭비하지 말 것."

하지만 1년 후, 문제의 실마리를 찾아냈다. 바로 "공정별 품질관리 부재"가 원인이었다. 각 공정이 자기 역할을 제대로 하지 않은 채 다음 공정으로 넘기다 보니, 작은 문제가 큰 불량으로 이어진 것이다. 결국 각 공정마다 검문소를 설치하고 작업 품질을 모니터링하는 피드백 시스템을 도입해 문제를 해결할 수 있었다.

이 경험을 통해 사람들의 통념이나 선입견을 맹목적으로 믿어선 안 된다는 것을 깨달았다. 그들의 말처럼 도료 불량이나 작업자의 게으름이 원인일 수도 있었지만, 실제로 확인해 보니 그렇지 않았다. 증거 없는 통념에 기대어 문제를 방치한 것이 진짜 문제였던 것이다.

당연함을 의심할 때 혁신이 시작된다

통념은 무엇일까? 그것은 사회적으로 받아들여지는 믿음이다. 아무도 의문을 제기하지 않는, 당연하다고 여기는 생각이다. 이 책이 통념에 저항하자고 주장하는 이유는 단순하다. 통념을 의심하는 순간, 보이지 않던 것이 보이고 새로운 기회가 열리며 남다른 삶을 살 수 있기 때문이다.

속담은 통념의 대표적 집합체다. 오랜 세월 데이터가 축적

되어 만들어진 것이니 검증됐다고 할 수 있다. 하지만 세상이 빠르게 변하면서 더 이상 유효하지 않은 통념이 늘고 있다. "짚신도 짝이 있다"는 말을 보자. 결혼보다 비혼을 선택하는 솔로가 넘쳐나는 시대에 이 말이 여전히 유효할까? 짚신도 짝이 있다면 결혼정보회사들이 성업할 리 없다. "아니 땐 굴뚝에 연기 날까?"라는 속담은 더욱 그렇다. 가짜뉴스와 딥페이크가 날뛰는 시대인데, 얼마든지 거짓 연기를 피울 수 있지 않은가.

그렇다면 언제 통념에 저항해야 할까? 사업에서는 매출이 예전 같지 않을 때 통념을 의심해봐야 한다. 대부분은 "불황 때문에 장사가 안 된다"고 말한다. 하지만 그렇다면 같은 불황 속에서도 잘되는 가게들은 어떻게 설명할 수 있을까?

내가 보는 불황은 "기존의 상품, 서비스, 유통경로가 더 이상 작동하지 않는 상태"를 말한다. 다시 말해 세상은 변했는데, 우리가 그것을 읽지 못한 채 낡은 방식으로 일하고 있기 때문에 생기는 현상이다. 해결책은 명확하다. 세상의 변화를 읽고, 기존의 통념을 깨고, 그 변화에 맞춰 우리를 변화시키는 것이다. 때로는 사업의 본질을 바꾸거나, 방법론에 혁신을 가해야 할지도 모른다. 우리가 믿는 많은 통념은 이미 유통기한이 지났다. 변화하는 시대에 낡은 통념을 붙잡고 있는 한, 새로운 기회는 보이지 않을 것이다.

통념을 깨는 5가지 실천법

모든 변화는 실천에서 시작된다. 통념에 저항하는 것도 마찬가지다. 지금 바로 시작할 수 있는 다섯 가지 방법을 소개한다.

1. 습관적으로 하는 일의 30%를 과감히 없애라

새로운 일을 시작하기 전에, 먼저 불필요한 일을 정리하라. 가짜 일과 진짜 일을 구분하고, 습관적으로 하던 일들을 재점검하라. 정리할 일을 4가지로 분류해보자. "하지 않아야 할 일", "하지 않아도 될 일", "내가 하지 않아도 될 일", "나보다 남이 더 잘할 일". 이것들을 과감히 없애거나, 위임하거나, 외주를 주어라. 그리고 비로소 그 여유 공간에 새로운 도전을 채워 넣어라. 남들은 다 하는데 당신은 아직 시작하지 않은 일, 늘 하고 싶었지만 미뤄둔 일들을 시작하라.

2. 성공 경험에 안주하지 마라

과거의 성공 경험이 미래의 발목을 잡을 수 있다. 나이가 많고, 직급이 높고, 성공 경험이 많을수록 실패 위험도 커진다. 잘나가던 개인과 조직이 몰락하는 이유는 대개 잘못된 경험과 과도한 자기확신 때문이다. 해결책은 '낯섦'을 찾아가는 것이다. 비슷한 부류보다는 다른 분야의 사람들을 만나고, 평소 자신과 상관 없던 책이나 영상을 접하고, 새로운 것을 배워라. 딱딱한 사고에서 벗어나 유연한 사고로 전환하라.

3. 생각의 자유를 지켜라

절대적 진리처럼 보이는 것도 의심하라. 모든 가설에 '왜?'라는 질문을 던지고, 구체적인 증거를 요구하라. 대중의 의견을 무작정 따르지 말고, 반대 의견에도 귀를 기울여라. 특히 확신에 가득 찬 사람을 경계하라. 확신이란 때때로 무지의 다른 이름일 뿐이다.

4. 안 했던 일은 새롭게 시작하고, 하던 일은 그만둘 수 있어야 한다

지금은 당연해 보이는 것도 처음에는 낯설었다. 1818년 이전까지만 해도 정시 출발이란 개념조차 없었다. 화물선은 적재량이 채워질 때까지 기다리는 게 당연했다. 하지만 뉴욕의 해운사 블랙볼라인은 이 통념을 깼다. 벤저민 마셜은 엄청난 비용과 위험을 무릅쓰고 정시 출항을 시작했고, 결과적으로 큰 성공을 거뒀다. 특히 사업에서는 남들이 시도하지 않은 길을 과감히 나서야 한다.

5. 당연한 것을 의심하라

세상에 당연한 것은 없다. 당연함에 머무는 것보다는 당연을 의심할 때 사업의 기회를 볼 수 있다. 위기에 처했던 레고가 부활할 수 있었던 것도 '당연함'을 의심했기 때문이다. "왜 레고는 움직이면 안 될까?", "왜 어른은 레고의 고객이 될 수 없을까?" 이 두 가지 질문이 혁신의 시작이었다. 다만 기억하라. 모든 의문은 고객의 관점에서 시작되어야 한다는 것을.

이처럼 통념에 저항하는 일이 중요한 이유는 거기에 비즈니스 기회가 숨어있기 때문이다. 모두가 보는 곳에는 더 이상 기회가 없다. 아마존이 대표적이다. 그들은 모두가 불가능하다고 말하는 일에 도전했다. 심지어 회의 자료도 남들이 다 쓰는 파워포인트 대신 워드를 고집했다.

통념을 깨는 순간, 새로운 기회가 열린다. 이 책은 그 가능성을 당신에게 보여줄 것이다.

1부

앞이 보이지
않는다면
당신의 관점을
의심하라

Insight

**습관적으로 하는 일의 30%를 과감히
없애라** 새로운 일을 시작하기 전에, 먼저
불필요한 일을 정리하라. 가짜 일과 진짜
일을 구분하고 습관적으로 하던 일들을 4가지로 분류
재점검하라. 정리할 일을 4가지로 분류
해보자. '하지 않아야 할 일', '하지 않아

1
워렌 버핏은
계획을 세우지 않는다

조직에서 5년, 10년 마스터플랜을 만드는 일에 혈안이다. 현재뿐 아니라 미래에 조직이 어떻게 나아가야 할지 고민하는 것은 가치 있는 일이지만, 그 과정에 지나치게 많은 리소스를 투입하는 것은 바람직하지 않다고 생각해 왔다. 세상에는 너무 많은 변수가 존재하기 때문이다. 차라리 큰 방향만 잡고 상황에 따라 유연하게 대처하는 게 현명하다. 최근 워렌 버핏에 관한 책을 읽으며 이 생각이 확신으로 바뀌었다.

버크셔는 마스터플랜을 세운 적이 없다. 그런 시도를 한 사람은 오히려 해고된다. 마스터플랜은 시간만 잡아먹고 새로운 현실을 반영하지 못하기 때문이다. 물론 특정 문제 해결을 위한 계획 자체를 부정하는 건 아니다. 계획은 세우되, 새로운 정보가 들어오면 즉각 방향을 틀라는 것이다. 10년을 내다보는 마스터플랜은 허상에 불과하며, 그걸 만드는 데 들이는 시간과 에너지는 낭비다. 차라리 실전에서 상황을 읽고 즉각 대응하는 게 훨씬 효과적이다.

프로이센의 전략가 몰트케는 이를 전쟁에 빗대어 명쾌하게 설명한다. "전투는 적과의 끊임없는 상호작용이다. 내가 적의 행동을 바꾸듯 적도 내 행동을 바꾼다. 전쟁은 적과 첫 대면하는 순간부터 모든 것이 달라진다. 첫 전투가 끝난 후에도 기존 작전이 유효할 거란 보장은 없다. 군사작전이 모든 상황을 완벽히 예측하고 그대로 실행될 거라 믿는 바보는 없다."

세상은 결코 마스터플랜대로 움직이지 않는다. 계획은 필요하지만, 거기에 목숨 걸 필요는 없다. 진정한 전략가는 계획이 아닌 적응의 달인이다.

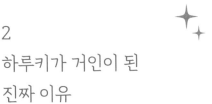

2
하루키가 거인이 된
진짜 이유

"계란으로 바위치기"라는 말이 있다. 불가능해 보이는 일을 시도하는 사람을 빗대는 말로, 해봐야 소용없다는 자조적인 의미가 담겨 있다. 하지만 때로는 기꺼이 이런 도전을 받아들이는 사람이 있다.

일본의 소설가 무라카미 하루키가 그렇다. 그는 많은 이들의 반대에도 불구하고 예루살렘상을 수상했다. 이 상은 인간의 자유와 사회, 정치적 가치를 다룬 작가에게 주어지는 권위 있는 문학상이다. 수상 당시 하루키는 폭발적인 메시지를 던졌다.

소설을 쓸 때마다 나는 한 가지 신념을 지킵니다. 높고 건

고한 벽이 있고, 그 벽에 부딪혀 산산조각 나야 할 운명이라면, 나는 언제나 깨지는 쪽을 선택하겠다는 것입니다. 옳고 그름은 타인이 재단할 것이 아니라, 시간과 역사가 판단할 문제입니다. 우리는 모두 거대한 시스템이라는 벽 앞에 서 있습니다. 본래 이 시스템은 우리의 보호막이어야 하지만, 때론 폭주하여 인간성을 짓밟기도 합니다.

이것이 바로 하루키의 본질이다. 승산 없는 싸움을 두려워하지 않고, 오히려 그 한가운데로 뛰어드는 투사 정신. 거인과 맞서 싸우는 다윗처럼, 불가능해 보이는 도전을 즐기는 투쟁가의 모습. 그가 문학계의 거인이 된 것은 우연이 아니다. 이런 모습은 내가 그를 좋아하는 또 하나의 이유이기도 하다.

3
지름길에는
숨겨진 비용이 있다

서둘러 시간을 절약하는 것이 능사일까? 꼭 그렇지만은 않다. 영어 속담 "Haste makes waste"(급할수록 돌아가라)에서 알 수 있듯이, 급하게 서두르면 오히려 낭비만 초래하기 쉽다. 무엇이든 성급하게 하다 보면 부작용이 생기기 마련이다. 인생도 그렇고 등산도 마찬가지다. 산은 자연 리듬에 맞춰 천천히 오르는 것이 바람직하다.

에베레스트로 가는 길, 해발 3,880미터에 위치한 샹보체의 에베레스트 뷰 호텔은 세계에서 가장 높은 곳에 자리한 호텔로 기네스북에까지 올랐다. 에베레스트를 정면으로 조망할 수 있는 절경을 자랑하지만, 정작 장사는 잘되지 않는다. 에베레스트를 보겠다고 경비행기를 타고 온 사람들이 도착하자

마자 고산병에 걸리기 때문이다. 가장 빠르고 쉽게 에베레스트를 보는 방법이지만, 산은 그런 방문객을 그다지 반기지 않는 듯하다. 일본인 주인은 객실에 산소통을 비치하는 등 여러 노력을 기울이지만 효과는 신통치 않다.

나는 지속가능성을 중요한 가치로 여긴다. 한 철 장사처럼 단기적 성과에 목매다간 결국 패가망신한다. 어떤 일이든 기초를 단단히 다지고 차근차근 접근해야 성공이 보장된다. 사업이든, 다이어트든, 인간관계든 예외는 없다. 속도는 독이 될 수 있다. 진정한 승자는 느리지만 확실한 길을 선택하는 자다. 빠른 것이 항상 좋은 것은 아니다.

4

본캐에 올인하라:
세상은 장인을 원한다

얼마 전 금융회사 강의 중 한 참석자가 이런 질문을 했다. "본부장에서 팀장으로 강등됐습니다. 하지만 저는 봉사도 하고, 디자인도 하고, 단체도 운영합니다. 본캐 말고도 부캐가 많은데, 시간 분배가 고민입니다."

나는 명쾌하게 답했다. "부캐를 하는 이유가 뭘까요? 본캐에서 성과를 내지 못해 수입이 부족하니 자꾸 다른 데로 눈을 돌리는 건 아닐까요? 우선 본캐에 집중해야 한다고 봅니다. 거기에 승부를 걸어 업계에서 거인이 되어야 합니다. 성공의 잣대는 단 하나, 생산성입니다. 주어진 시간 안에 얼마나 폭발적인 결과물을 만들어내느냐, 그게 핵심입니다."

이해를 돕기 위해 사례를 들었다. "영국의 실력파 외과의

사가 두 가지 선택지를 마주했다고 가정해봅시다. 국경없는 의사회에서 봉사할 것인가, 아니면 최고급 병원에서 실력을 극대화할 것인가. 어느 쪽이 세상에 더 큰 기여를 할까요? 본캐에만 올인하면 연봉 70만 달러를 벌 수 있고, 그중 절반만 아프리카에 보내도 수백 수천 명의 생명을 구할 수 있습니다. 반면 국경없는의사회에서는 하루 20명 정도밖에 치료할 수 없죠. 답은 명확합니다. 본캐와 부캐를 어정쩡하게 나누는 것보다, 한 분야에서 절대강자가 되는 게 세상에 훨씬 더 큰 임팩트를 줄 수 있습니다."

내가 그에게 한 말이다. 부캐의 유혹을 뿌리치고 본캐에 목숨을 걸어라. 세상은 만능인보다 장인을 원한다.

5
실력이 부족할수록
자기 객관화가 어렵다

기업마다 저성과자 문제로 골머리를 앓고 있다. 연차와 연봉은 높은데 성과는 바닥이니 조직이 멍들 수밖에 없다. 하지만 해고가 쉽지 않은 현실에서 해결책을 찾기가 어렵다. 이런 저성과자들에게는 치명적인 공통점이 있다. 자신이 무능하다는 사실을 절대 인정하지 않는다는 것. 대신, 적성에 맞지 않는다거나 상사와의 케미가 다르다며 온갖 핑계를 댄다. 변화의 시작은 냉정한 현실 인식인데, 그것이 불가능하니 조직도 개인도 발전이 없다.

《자신감 착각》이라는 책은 이 현상의 본질을 파헤친다.

실력을 정확히 측정하는 장치가 있다면 어떨까? 체스계에는 이런 시스템이 있다. 강도strength라는 냉정한 지표다. 승리하면 점수가 올라가고 패하면 떨어진다. 상위 랭커와 비기면 점수가 상승하고, 하위 랭커와 비기면 하락한다. 2200점 이상이면 마스터다. 200점 차이가 나면 승률이 75%에 달한다. 다른 스포츠와 달리 실력이 수치로 명확하게 드러나는 게임이다.

이 선수들을 대상으로 설문이 진행됐다. '당신의 공식 체스 점수는?', '당신의 실제 실력은 얼마인가?' 결과는 경악스러웠다. 21%만이 현재 점수가 적정하다고 답했다. 4%는 과대평가 받는다고 했고, 무려 75%가 과소평가 받는다고 믿었다. 객관적인 실력 지표가 눈앞에 있는데도, 대부분 자기 실력이 평균 99점은 더 높다고 착각했다. 이것이 바로 '자신감 착각illusion of confidence'이다.

실력이 부족한 사람에게는 두 가지 문제가 있다. 첫째, 그들의 능력은 평균 이하이다. 둘째, 그렇지만 자신이 평균 이하임을 깨닫지 못한다. 그래서 능력을 키울 생각을 하지 않고, 그저 자신감으로 충만할 뿐이다. "지식보다 무지가 더 큰 자신감을 만든다"라는 찰스 다윈의 말이 이를 잘 설명한다.

6
전문가가 글을 쓰는 게 아니라
글을 써야 전문가가 된다

오래전 식스시그마가 유행하던 시절의 일이다. 한 대기업의 식스시그마 실무자가 관련 책을 썼는데, 이책이 베스트셀러에 올랐다. 모임에서 소개하기 위해 읽었는데, 정말 잘 쓴 책이었다. 저자는 자신의 경험뿐만 아니라 폭넓은 참고 문헌을 통해 해박한 지식을 보여주었다. 책의 성공으로 강연 요청이 쇄도했고, 결국 그는 회사를 떠나 독립했다. 그러던 중 우연히 같은 회사에서 일했던 사람을 만나 그저자 얘기를 했는데, 반응이 영 시원찮았다. 시기와 질투 때문인지 못마땅해하는 기색이 역력했다.

"사실 그 친구는 식스시그마를 잘 몰라요. 핵심 인물도 아니라 주변에서 놀던 조연에 불과해요. 잘 알지도 못하면서 왜 책을 썼는지 모르겠어요."

이 말을 듣고 나는 속으로 이렇게 반박하고 싶었다. "그렇게 잘 아는 당신은 왜 책을 안 썼나요? 그 책을 읽어는 보셨나요? 책을 쓰려면 얼마나 많은 공부가 필요한지 아세요? 아는 것과 그것을 글로 표현하는 것이 얼마나 다른지 알고 계신가요? 당신 같은 '전문가'가 쓰지 않으니 '조연'이 나서서 쓰는 거 아닐까요?"

이런 현상은 역사 분야에서도 반복된다. 역사학자들이 대중의 눈높이에 맞는 책을 안 쓰니까, 비전공자들이 피땀 흘려 공부해서 책을 쓴다. 오히려 이런 책들이 더 생명력 있고 흥미진진한 경우가 많다.

전문가들은 종종 비전문가가 쓴 책을 비판한다. 하지만 이게 정말 비난받을 일일까? 논문만 쓰는 대학교수가 일반인을 위해 글을 쓰는 사람보다 더 뛰어난 전문가라고 할 수 있을까? 전문가의 기준은 무엇일까?

내 생각은 이렇다. 전문가이기 때문에 글을 쓰는 게 아니라, 글을 써서 전문가가 된다. 아무도 읽지 않는 논문만 쓰는 것보다, 일반인이 즐겁게 읽을 수 있는 글을 쓰는 사람이 진정한 전문가가 아닐까? 결국, 지식을 효과적으로 전달하고 대중과 소통할 수 있는 능력이 현대 사회에서 요구되는 새로운 형태의 전문성이 아닐까?

7
중간이 가장 위험하다

사람들은 본능적으로 '중간'을 선호한다. 강의실만 봐도 알 수 있다. 앞자리는 기피하고 뒷자리는 불안해하면서, 결국 중간쯤 자리를 잡는다. 이건 무리 속에 숨어 안전을 추구하는 동물적 본능이다. 하지만 이런 '중간 선호' 심리가 직업 시장에서도 통할까?

"남들 하는 만큼만 하면 된다"라는 생각으로 과연 생계를 유지할 수 있을까? 아마도 당장 굶어 죽지는 않을 것이다. 하지만 제값을 받지 못하고 끊임없는 원가 경쟁에 시달리다 결국 시장에서 도태될 가능성이 높다.

그렇다면 시장에서 살아남기 위해서는 어떻게 해야 할까? 답은 명확하다. 중간을 벗어나야 한다. 자신만의 독특한 강점, 즉 '나 아니면 안 되는' 영역을 만들어야 한다. 대체 불가능한 존재가 되어야 한다는 말이다. 그런 면에서 중간은 안전해 보이지만 사실 가장 불안전한 자리다.

《평균의 종말》이라는 책에서도 이런 관점을 확인할 수 있다. 성인의 평균 키와 몸무게에 맞춰 제품을 만들면, 아무에게도 맞지 않는다. 평균은 그럴듯해 보이지만 사실상 허상에 불과하다는 것이다.

자신만의 독특한 '엣지'가 있는가? 아니면 그저 수많은 진열대 위의 평범한 제품 중 하나같은 존재인가? 평균 뒤에 숨거나 안주하지 말라. 역설적이게도, 가장 안전해 보이는 '평균'이 실은 가장 위험한 자리다. 차별화가 곧 생존이다.

8

효율의 역설:
쓸모없는 것이 세상을 지킨다

파레토의 법칙은 주변에서 쉽게 발견할 수 있
다. 매출의 80%는 20%의 핵심 고객이 만들어내고, 우리는
가진 옷의 20%만 주로 입는다. 또한 탁월한 20%의 인재가
80% 성과를 책임진다. 그렇다면 나머지 80%는 불필요한 것
일까? 그들은 정말 아무런 역할을 하지 않는 것일까?

이에 대한 흥미로운 통찰을 우리 몸의 DNA에서 찾을 수
있다. 인간 DNA의 98.5%는 오랫동안 '정크 DNA'로 불리며
오명을 썼다. 아무 기능도 없는 비효율의 상징처럼 여겨졌다.
하지만 최근 연구는 이 '쓸모없어 보이는' DNA가 인간의 정
체성을 형성하고, 손상된 DNA를 복구하는 숨은 공로자라는
사실을 밝혀냈다. 1.5%의 '쓸모 있는' DNA가 제 기능을 하

려면, 98.5%의 '비효율적' DNA의 지원이 절대적으로 필요했던 것이다.

"한 사람이 백만 명을 먹여 살린다"라는 말도 자세히 들여다보면 한 사람이 모든 것을 한다는 의미가 아니다. 오히려 그런 한 사람이 제 역할을 다하기 위해서는 묵묵히 수고하는 수많은 사람의 지원이 필요하다는 뜻이다.

이런 맥락에서 장자의 '무용지용'無用之用 개념은 이 역설의 정수를 보여준다. 쓸모없어 보이는 것이 실은 가장 큰 쓸모를 지닌다는 것이다. 공부는 못했지만 부모를 지극정성으로 모시는 자식, 실적은 없지만 조직의 화합을 이끄는 직원, 성과는 없지만 팀의 사기를 높이는 동료…. 우리는 일상 곳곳에서 이 진실을 목격한다.

현대 사회는 효율과 생산성이라는 이름으로 '쓸모없어 보이는 것들'을 너무 쉽게 도태시킨다. 하지만 이는 위험한 발상이다. 생태계가 다양성으로 유지되듯, 조직과 사회도 비효율적으로 보이는 요소들의 존재로 건강성을 유지한다. 20%의 핵심이 빛나기 위해서는 80%의 탄탄한 지원군이 필요하다. 이것이 자연의 이치이자, 성공의 역설이다.

9
좋아하는 일보다
싫어하는 일을 먼저 찾아라

자기계발 강사들이 자주 하는 말이 있다. "하고 싶은 일을 하면서 살아라. 그러면 평생 일하지 않아도 된다." 일리가 있고 얼핏 들으면 그럴듯하지만, 이 말에는 몇 가지 현실적인 문제가 있다.

냉정히 생각해보자. 돈 버는 일이 그렇게 쉬울까? 일이란 본질적으로 고통과 인내를 요구한다. 남의 돈을 정당하게 받아내는 과정이 즐거울 리 없다. 게다가 전 세계에서 진짜 좋아하는 일로 먹고사는 사람이 몇이나 될까? 0.01%도 안 될 것이다. 그런 행운이 당신에게 올 확률은 무척 낮다.

그렇다면 당신이 정말 하고 싶은 일이 무엇인가? 대부분, 특히 젊은이들은 이에 대한 명확한 답을 하지 못한다. 세상

경험도 부족한 20대에게 이런 철학적 질문을 던지는 것 자체가 넌센스다.

내가 제안하는 방법은 이렇다. 우선 무슨 일이든 해보는 것이 중요하다. 그리고 그 일에 미친 듯이 몰입하라. 피할 수 없는 일이라면, 어떻게든 해내야 한다. 기본적인 일조차 못하는 사람이 무슨 낭만을 즐길 수 있겠는가?

오히려 전략을 바꿔보자. 좋아하는 일을 찾는 게 아니라, 진심으로 싫어하는 일을 먼저 찾아라. 그리고 그 정반대 지점에서 당신의 진짜 열정이 기다리고 있을 것이다. 먼저 실력을 쌓아라. 좋아하는 일은 그다음의 문제다.

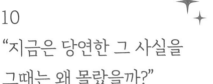

10
"지금은 당연한 그 사실을
그때는 왜 몰랐을까?"

우리는 종종 "내 그럴 줄 알았어"라는 말을 한다. 이런 심리 현상을 '사후과잉 확신'hindsight bias 또는 '후견지명 효과'라고 부른다. 이는 현재 관점으로 과거를 판단하는 오류를 말한다. 마치 100년 전 사람들이 안전벨트를 매지 않았다고 지금의 우리가 비난하는 것과 같은 논리다.

과거가 아직 현재였을 때, 우리는 미래를 정확히 예측할 수 없었다는 점을 인정해야 한다. 과거는 오직 현재 시점에서 볼 때만 질서정연해 보일 뿐이다. 우리는 현재 알고 있는 정보로 과거를 재구성하고, 마치 그때도 알고 있었던 것처럼 착각한다.

따라서 "내 그럴 줄 알았어"라는 말은 사실 무책임한 발언이다. 자신을 예언자로 여기는 것인가? 혹은 남들은 모르는 것을 자신만 알았다고 생각하는 것일까? 만약 정말 알았다면, 왜 아무런 조치도 취하지 않았을까? 진정 알았다면 뭔가 행동을 했어야 하지 않을까?

이런 말을 하는 사람의 진짜 심리는 이럴 것이다. 사실 그도 다른 사람들처럼 몰랐다. 알 수가 없었다. 만약 알고도 아무 일을 하지 않았다면 직무유기일 뿐이다. 그러나 몰랐음에도 이런 말을 한다면, 그건 단지 잘난 체를 하기 위해서다. 예지력을 과시하여 남의 인정을 받고 싶어 하는 심리에서 비롯된 것이다. 어느 쪽이든 자신의 어리석음을 드러낼 뿐이다.

진정 지혜로워지려면 사후 판단에 대한 확신을 줄여야 한다. "내 그럴 줄 알았어"라는 말이 튀어나오려 할 때, "정말 내가 알았을까?" 자문해야 한다. 대신 이렇게 물어보자. "왜 이 일을 예측하지 못했을까? 무엇을 놓쳤을까? 앞으로 이런 실수를 줄이려면 어떻게 해야 할까?" 이런 겸손한 성찰만이 우리를 진정한 성장으로 이끈다.

현명한 자는 과거를 재단하지 않는다. 대신 그 순간의 한계를 인정하고, 미래를 위한 교훈을 찾는다. 예언자 흉내는 그만두자. 당신도, 나도, 우리 모두 그때는 몰랐다.

11
글쓰기는
육체노동이다

무라카미 하루키는 한 인터뷰에서 자신이 왜 글을 쓰는지에 대해 이렇게 답한다. "쓰지 않을 수 없기 때문이다. 난 회사원처럼 시간을 정해놓고 꾸준히 일하는 작가다. 소설을 쓸 때는 새벽 4시에 일어나 대여섯 시간 작업한다. 오후에는 10km 달리기나 1.5km 수영을 한다. 그리고 책을 읽고 음악을 듣는다. 아홉 시에 잠든다. 이 일과를 매일 반복한다. 긴 소설 쓰기는 서바이벌 훈련과 비슷하다. 신체적 강인함은 예술적 감수성만큼 중요하다."

그의 작품이 연이어 히트하는 비결은 무엇일까? "비결은 없다. 그저 44년 동안 꾸준히 소설을 써왔고, 그 과정에서 독자들의 신뢰를 얻은 것뿐이다. 오랜 세월이 필요하다."

여전히 달리기를 하느냐는 질문에는 "당연히 달린다. 글은 머리가 아닌 몸으로 쓰기 때문이다"라고 말한다. 하루키의 성공 방정식은 단순하다. 강인한 체력을 바탕으로 끊임없이 글과 싸우는 것.

요즘 글쓰기에 관심이 많아지고 있다. 좋은 현상이다. 하지만 글쓰기에 대한 잘못된 통념도 많다. 가령 글은 머리로 쓰는 것이라는 생각이다. 조용히 앉아 명상하면 글이 저절로 나올 것이라는 착각도 있다. 진실은 다르다. 글은 치열한 메모와 자료 수집의 전쟁터에서 태어난다. 밑천이 많아야 비로소 글이 나온다.

더 중요한 진실이 있다. 글은 온몸으로 쓴다는 사실이다. 영감이란 게 하늘에서 뚝 떨어지는 게 아니다. 매일 아침 전장에 출전하듯 책상에 앉아 몇 시간씩 사투를 벌여야 한다. 그런 면에서 글쓰기는 머리보다는 몸으로 하는 일이다. 작가는 지식노동자이자 육체노동자인 셈이다.

50권이 넘는 책을 쓴 나 역시 작년에만 5권을 출간했는데, 하루키의 이 말에 전적으로 공감한다. 글쓰기는 지적 작업처럼 보이지만 실상은 육체노동에 가깝다.

12
진짜 노하우는
스스로 터득하는 것이다

글쓰기에 관심이 많아 "글사세"(글쓰는 사람이 세상을 바꾼다)라는 모임을 운영한 적이 있다. 참여자의 30% 정도는 이 과정을 통해 글을 쓰고 책까지 출간했다. 하지만 대부분은 글쓰기보다는 자신의 한계를 절감하는 데 그쳤다. 물론 자신의 무지를 확인하는 것도 가치 있는 일이다. 하지만 결론은 하나다. 진짜 글쓰기 노하우는 책상에 앉아 직접 피땀을 흘려야 얻을 수 있다는 것이다.

사실 대부분의 일이 그렇다. 무언가를 배우려면 직접 실행해보는 것이 최고다. 장자의 수레바퀴 장인 이야기는 이 진실을 완벽하게 보여준다. 그는 수레바퀴를 깎을 때의 핵심은 절묘한 힘 조절이라고 했다. 너무 세게도, 너무 약하게도 하면 안 된다. 그럼 도대체 어느 정도의 힘을 줘야 하느냐고? 장인의 대답은 단호했다. "그건 손에서 터득하는 거지, 말로는 설명할 수 없는 것일세."

인생사 대부분이 그렇다. 결혼생활의 진수를 어떻게 말로 설명할 수 있을까? 성공적인 자녀 양육법을 책으로 배울 수 있을까? 갈등 해결의 묘책을 강의로 전수받을 수 있을까? 진정한 노하우는 전달하기도, 전달받기도 어렵다. 오로지 스스로 터득해야 한다. 시행착오를 겪으며 온몸으로 느껴야 한다.

따라서 진짜 고수는 가르치려 들지 않는다. 두 가지 이유에서다. 첫째, 자기 분야에서 끊임없이 진화하느라 남 가르칠 시간이 없다. 둘째, 이론 습득만으론 아무것도 이룰 수 없다는 걸 뼈저리게 알기 때문이다. 실력자는 묵묵히 자기 일에 매진하지만 실력이 부족한 자는 가르치기에 바쁘다.

글쓰기든, 인생이든 마찬가지다. 실패와 성찰 속에서 우리는 진정한 가르침을 얻는다. 자신만의 노하우는 이런 치열한 과정 속에서 빛을 발한다.

13
담대한 목표,
그리고 작은 성공의 힘

목표 설정에 관한 조언 중 빠지지 않고 등장하는 것이 있다. 바로 "담대한 목표를 세우라"는 것이다. 일리 있는 조언이다. 너무 쉽게 달성할 수 있는 목표는 엄밀히 말해 목표라 할 수 없다. 목표 없이도 이룰 수 있는데 굳이 목표를 세울 필요가 있을까?

하지만 원대한 목표만으론 부족하다. 핵심은 이 거대한 목표를 어떻게 쪼개느냐. 세부 전략 없는 원대한 비전은 오히려 독이 된다. 압도적인 부담감이 스트레스를 유발하고, 자존감을 갉아먹으며, 결국 자괴감의 늪으로 빠져들게 만든다. 실패의 씨앗이 여기서 자란다.

실패의 연쇄를 끊어내기 위한 효과적인 방법은 무엇일까?

바로 '작은 승리' 전략이다. 예를 들어, '10kg 체중 감량'이라는 거창한 목표 대신 '매일 30분 산책하기'로, '책 1권 완독'보다는 '하루 10페이지 읽기'와 같이 달성 가능성이 높은 미니 목표를 정하는 것이다. 이런 방식으로 일상에서 작은 성취를 경험하면 동기부여와 자신감이 상승한다. 이러한 소소한 성공들이 모여 하나의 시스템을 형성하면, 결국 큰 성공으로 발전할 수 있는 토대가 마련된다.

인생의 목표도 마찬가지다. 원대한 비전을 세우되, 그것을 작은 단위로 쪼개어 실천해나가는 지혜가 필요하다. 그 과정에서 맛보는 작은 성공들이 우리에게 전진할 동력을 선사할 것이다.

14
멀티태스킹의
치명적 허상

성공에 대한 위험한 착각들이 있다. "모든 일이 다 중요하다. 멀티태스킹은 실력이다. 의지만 있으면 무엇이든 할 수 있다. 일과 삶의 균형이 필요하다. 큰 도전은 위험하다…" 과연 그럴까?

모든 일이 다 중요하다고 믿는 것은 사실상 아무것도 중요하지 않다는 말과 같다. 멀티태스킹에는 늘 대가가 따른다. 집중력은 떨어지고 결과물의 질도 하락한다. 멀티태스킹은 환상에 불과하다. 워라밸 역시 그럴싸해 보이지만 실상은 성공을 방해하는 함정이다.

기적은 결코 중간지대에서 피어나지 않는다. 언제나 극한의 자리에서 탄생한다. 진정 무언가를 이루고 싶다면 한 우물을 파는 광부처럼 미친 듯이 파고들어야 한다. 수영황제 펠프스의 사례가 이를 증명한다. 그는 ADHD였지만 선택적 몰입으로 전설이 됐다. 365일을 오직 수영에만 바쳤다. 일요일도 없이 훈련했고, 하루 6시간을 물속에서 살았다. 이런 초집중 상태에서는 중요하지 않은 것들이 자연스레 걸러진다.

의지력에 대한 맹신도 위험한 함정이다. 의지력은 자동차 연료와 같아서, 과도하게 쓰면 어느 순간 바닥을 드러내며 게임오버된다. 이 귀중한 자원을 함부로 낭비해선 안 된다.

에너지를 분산시키기보다 한 곳으로 모아 깊이를 더하는 전략이 필요하다. 그 깊이가 쌓이면 어느 순간 질적인 도약이 일어난다. 성공은 결코 얕은 물에서 헤엄치듯 이뤄지지 않는다. 한 우물을 깊이 파는 광부의 집념, 이것이 우리가 되찾아야 할 진짜 무기다.

15
목소리가 커지는 이유,
보고서가 길어지는 이유

"목소리를 큰 사람이 이긴다"는 말이 있다. 하지만 진실은 다를 수 있다. 목소리를 높이는 순간, 당신은 이미 패배자다. 왜 사람들은 목소리를 높일까? 자신의 논리가 빈약하거나 설득력이 없다고 스스로 느낄 때다. 논리의 구멍을 데시벨로 메우려는 초라한 시도일 뿐이다.

회의실에서 토론하는 모습을 유심히 관찰해보라. 충분한 준비를 하고 자신감이 넘치는 사람은 차분하게 자기 의견을 피력한다. 목소리를 높일 이유가 없기 때문이다. 반면 준비가 부족하거나 논리적으로 패배할 것 같은 위기감이 들면 자연스레 목소리가 커지기 마련이다. 이와 관련된 영어 속담이 있다. "The barking dog doesn't bite"(짖는 개는 물지 않는다). 덤빌 자신이 없으니까 짖어서 상대를 위협하려 드는 것과 같다.

보고서가 길어지는 이유도 비슷하다. 내용이 부실하기에 분량으로 채우려 하는 것이다. 정말 훌륭한 보고서는 오히려 간결하다. 그 간결함 속에 모든 핵심이 응축되어 있다. 연설도 마찬가지다. 링컨의 게티스버그 연설은 고작 272단어, 3분 분량이었지만 역사의 한 페이지를 장식했다. 반면 그의 앞에서 2시간 동안 장광설을 펼친 에드워드 에버렛의 연설은 아무도 기억하지 못한다.

길다고 좋은 건 아니다. 크다고 좋은 것도 아니다. 길이보다 중요한 건 내용이다.

16
학점 4.0은
성공의 함정이다

성적은 성공의 보증수표가 아니다. 공부를 잘 하는 사람이 일도 잘할 거라는 건 허상이다. 실제 일하다 보면 명문대 출신 중에서도 실무 능력이 형편없는 사람들을 자주 만난다. 하지만 여전히 많은 기업이 좋은 학벌과 높은 학점을 실력과 동일시하는 오류를 범한다. 공부 잘하는 것과 실력을 같다고 여기는 것이다.

과연 공부를 잘한다는 것은 무슨 의미일까? 성실하고, 이해력과 기억력이 좋아 시험을 잘 본다는 것 외에는 별 의미가 없다. 하지만 업무나 사업 성공에는 전혀 다른 역량이 필요하다. 오히려 학점이 지나치게 높은 사람은 공부 외에는 다른 경험이 전무할 가능성이 크므로 주의해야 한다.

"학점이 4.0 이상은 뽑지 마라." 세계적인 컨설턴트 톰 피터스의 조언이다. 공부만 잘하는 학생들은 대부분 순종적이어서 교수의 말을 맹목적으로 따르고 암기하는데만 집중한다는 것이다.

박종하 창의력연구소 대표는 이렇게 일침을 놓는다. "암기는 과거에 묶여있고 질문은 미래를 연다. 암기는 변화를 두려워하지만 질문은 변화를 만들어낸다."

4.0의 함정에 빠지지 말라. 실전에서는 암기력보다 응용력, 순종보다는 도전 정신이 중요하다. 진정한 인재는 교과서를 벗어나 자신만의 길을 개척할 줄 아는 사람이다. 시험 점수는 과거의 기록일 뿐, 미래의 성공을 보장하지 않는다.

17
지속 가능한 사업가의 6가지 원칙

20여 년 전 사업을 시작해 큰 성공을 거둔 한 사업가의 이야기다. 그는 놀랍게도 한 번도 외부 투자를 받지 않았다. 그의 철학은 단순명쾌했다. "이미 이익을 내고 있는데, 왜 투자를 받아야 하죠?" 투자를 받으면 자유로운 의사결정이 제한되고, 사업을 접을 때도 투자자들에게 돈을 돌려줘야 하는 부담이 생긴다고 말했다. 이 사례에서 지속 가능한 사업을 위한 6가지 원칙을 정리해보았다.

1. 가치 창출: 잘하고 좋아하는 일을 통해 실질적 가치를 제공해야 한다. 싫어하거나 못하는 일로는 장기적인 성공을 이루기 어렵다.

2. 자산 축적: 시간과 체력을 단순히 소모하는 일은 피하고, 데이터, 신뢰, 지식, 인맥 같은 자산이 쌓이는 활동에 집중해야 한다.

3. B2B 중심, B2C 보조: 기업 대상 사업을 주력으로 하되, 개인 대상 사업은 봉사나 테스트 차원에서만 진행한다. B2C는 노력 대비 부가가치가 상대적으로 낮을 수 있다.

4. 마케팅 중심: 직접 영업보다는 마케팅, 특히 자산을 활용한 마케팅에 집중한다. 이는 자는 동안에도 매출이 발생하는 시스템을 만드는 것을 목표로 한다.

5. 유연한 출구 전략: 언제든 쉽게 사업을 정리할 수 있도록 공동 창업, 외부 투자, 정규직 채용, 사무실 임대 등은 신중히 검토해야 한다.

6. 인재 육성: 혼자만의 성공이 아닌, 함께 일하는 사람들의 성장을 돕는 것이 중요하다. 이는 장기적으로 더 큰 성공으로 이어질 수 있다.

이러한 원칙들은 단기적인 성장보다는 장기적인 안정성과 지속 가능성에 초점을 맞추고 있다. 모든 사업에 이 원칙을 적용할 수는 없겠지만, 사업을 시작하거나 운영할 때 참고할 만한 유용한 지침이다.

18
책 읽는 당신에게 주어진
특별한 능력

　유튜브, 틱톡 같은 영상 콘텐츠가 폭발적으로 증가하고 챗GPT 같은 AI가 순식간에 거의 모든 질문에 답을 주는 시대다. 이런 환경에서 독서는 비효율적이고 구시대적인 활동으로 치부되기 쉽다. 하지만 역설적으로 바로 이런 시대에 독서가 제공하는 고유한 가치가 더욱 빛난다.

　책을 읽으면서 우리는 글의 흐름을 따라가며 사고력을 기른다. 저자의 섬세한 유머 감각을 포착하고, 개성 넘치는 표현과 문장을 만난다. 또한 읽은 내용이 머릿속의 다른 지식과 충돌하고 융합하면서 예상치 못한 통찰이 솟아나는 경험은 독서만이 선사하는 특권이다.

　AI는 우리에게 정확하고 즉각적인 답변을 제공하지만, 그 과정에서 우연한 실수로 얻는 영감이나 스스로 고민하며 발견하는 재미는 주지 못한다. 이는 마치 요리 레시피를 따라 하는 것과 직접 요리를 실험하며 새로운 맛을 발견하는 것의 차이와 같다.

현대인의 독서량은 지속적으로 감소하는 추세다. 하지만 바로 이 지점에서 기회가 생긴다. 독서를 통해 얻는 깊이 있는 사고력과 창의적 통찰력은 점점 더 희소해지는 능력이 되어가고 있다. 이는 곧 책 읽는 당신만의 강력한 차별화 포인트가 된다.

디지털 시대에 오히려 독서의 가치는 더욱 빛을 발한다. 탕누어의 말을 인용하자면, "전문성이란 모르는 것, 확실하지 않은 것, 있어야 하는데 없는 것이 무엇인지 묻는 능력이다. 그런 안목이 있어야 타인들이 못 보는 것을 볼 수 있다." 독서는 단순한 지식 습득을 넘어, 이러한 전문가적 통찰력과 안목을 기르는 가장 효과적인 도구다. 디지털 시대의 홍수 속에서, 독서는 당신을 차별화하는 조용하지만 강력한 무기가 될 것이다.

19
일을 오래했다고
통찰이 생기지는 않는다

　"수십 년 일한 나도 모르는데, 외부인이 어떻게 이 업을 이해할 수 있겠어요?" 이는 컨설팅 현장에서 자주 듣는 말이다. 이런 생각의 밑바닥에는 "오래 하면 잘하고, 오래 한 사람이 전문가"라는 잘못된 전제가 깔려 있다. 하지만 현실은 이와 다르다.

　골프는 이런 착각을 완벽하게 깨뜨린다. 나는 30년 이상 골프를 쳤지만 여전히 평범한 수준을 벗어나지 못한다. 반면 한 지인은 1년 만에 싱글 핸디캡이라는 놀라운 성과를 이뤘다. 이 극명한 차이는 어디서 올까? 답은 단순하다. 빠르게 성장하는 사람은 기초부터 체계적으로 배우고, 지속해서 코칭을 받으며, 약점을 끊임없이 보완한다. 반면 오래 했지만 제자리걸음인 사람은 기초가 부실하고, 연습이 부족하며, 전문가의 지도를 받지 않는다.

어떤 일을 오래 한다고 해서 자동으로 통찰력이 생기는 것은 아니다. 한 동네에서 평생을 살았다고, 한 분야만 파고들었다고 해서 반드시 그것을 깊이 이해하는 것은 아니다. 오히려 기존 지식이 새로운 시각을 가로막는 장애물이 되기도 한다.

신수정은 《일의 격》에서 더 날카로운 통찰을 제시한다. 직장인의 80%는 지난 10년간 새로운 것을 거의 배우지 않는다는 것이다. 오랜 근무 기간 동안 익숙함, 순응, 말솜씨, 인맥, 정치력 같은 표면적 능력만 향상되면서 실력이 늘었다고 착각한다. 하지만 실전의 정글에 던져지면 그제야 자신의 정체된 실력을 깨닫게 된다.

진정한 전문성의 비밀은 시간이 아니라 자세에 있다. 때로는 선입견 없이 열정적으로 배우는 초보자가 학습을 멈춘 경력자보다 더 큰 가치를 만들어낸다. 핵심은 얼마나 오래 했느냐가 아니라, 그 시간 동안 얼마나 깊이 있게 배우고 성장했느냐다. 끊임없는 학습과 자기혁신의 자세야말로 진정한 전문가의 증표다.

20
배우기 위해 꼭
실패를 해야 할까?

"실패에서 배우라", "자주 실패하라"와 같은 말들이 마치 보편적 진실처럼 받아들여지고 있다. 하지만 이러한 관점에 대해 한 번쯤 의문을 던질 필요가 있다. 과연 실패는 꼭 필요한 스승일까? 자주 실패하는 것이 정말 성공의 지름길일까?

실패에서 배우라는 조언은 주로 실패를 경험한 사람들을 위로하는 맥락에서 나온 말이다. 실패가 끝이 아니며, 그것을 발판 삼아 더 높이 도약할 수 있다는 의미에서는 타당하다. 하지만 만약 실패하지 않고도 같은 교훈을 얻을 수 있다면, 그것이 더 현명하지 않을까?

진정으로 어떤 분야에서 뛰어나고 싶다면, 그 분야의 정상급 전문가, 즉 '선수'에게 배우는 것이 가장 효과적이다. 일을 잘하고 싶다면 일을 정말 잘하는 사람을 관찰해야 한다. 글쓰기 실력을 높이려면 뛰어난 작가에게 배워야 한다. 부자가 되고 싶다면 진짜 자기 힘으로 돈을 번 사람에게 배워야 한다.

물론 인생에서 항상 성공만 할 수는 없다. 실패는 불가피하다. 그러나 가능하다면 실패를 최소화하는 것이 좋다. 실패를 하더라도 그 충격을 최소화하여 쉽게 일어설 수 있어야 한다. 주변을 둘러보면 한 번의 큰 실패로 인생의 궤도에서 영원히 벗어난 사람들을 쉽게 볼 수 있다.

실패를 통해 배울 수 있는 것은 사실이지만, 그것이 학습의 유일한 또는 가장 좋은 방법은 아니다. 성공한 사람들의 방법을 연구하고, 실패의 위험을 최소화하면서 점진적으로 발전해 나가는 것이 더 현명한 접근 방식일 수 있다. 중요한 것은 지속적인 학습과 개선의 자세다.

21
공부하는 법을
공부하라

Dictator(독재자)와 Dictation(받아쓰기)의 어원적 유사성을 살펴보면 무척 흥미롭다. 독재자와 받아쓰기, 이 두 단어는 현재 교육 시스템의 문제점을 상징적으로 보여준다. 북한의 김정은과 그의 말을 열심히 받아 적는 관리들의 모습이 떠오른다.

교실에서 교사는 파워포인트로 일방적으로 설명하고, 학생들은 묵묵히 받아 적기만 한다. 질문은 없고, 말하는 사람과 받아 적는 사람만 존재한다. 이런 환경에서는 감흥도, 스파크도 없다. 생산적인 교육이 일어나지 않는 것은 당연하다.

내가 운영하는 북클럽은 완전히 다른 방식으로 진행된다. 나는 수업 전 사전 과제를 가장 중요하게 여긴다. 학생들은 미리 책을 읽고 요약하며 과제를 준비한다. 수업 시간은 대부분 질문과 토론으로 이루어진다. 이런 방식에서는 진정한 불꽃이 튄다. 배우는 사람과 가르치는 사람이 하나가 되어 '교학상장'敎學相長을 체감할 수 있다.

그러나 질문하는 것은 결코 쉽지 않다. 준비되지 않은 사람, 호기심이 없는 사람에게서 질문은 나오지 않는다. 질문은 준비된 자에게 오는 귀중한 선물이며, 창의성의 원천이다.

유대인 교육에서는 좋은 질문을 하는 학생이 리더가 된다. 비즈니스 세계에서도 마찬가지다. 리더는 회의 전에 이슈를 철저히 검토하고 구성원들의 사고를 자극할 질문을 준비해야 한다. 이 과정에서 리더 자신도 생각을 정리하고 문제의 본질에 집중할 수 있다.

또한, 좋은 질문을 하기 위해서는 질문의 기술을 익혀야 한다. 열린 질문, 긍정적 질문, 5W1H를 활용한 질문, 의욕을 고취하는 질문, 메타 뷰Meta View 질문, 창의성을 자극하는 What If 질문 등 다양한 기법을 활용할 수 있다.

진정한 학습은 단순히 정보를 받아들이는 것이 아니라 질문하고 토론하며 사고하는 과정이다. '공부하는 법을 공부하는 것', 즉 메타학습이 더욱 중요해지는 이유다. 당신은 공부를 공부해본 적이 있는가?

22
지식에도
유통기한이 있다

　주변에는 풍부한 경험과 노하우를 가진 사람들이 많다. 나는 이런 분들에게 자주 조언한다. "당신의 지식을 글로 써서 사람들과 공유하세요. 책으로 당신의 가치를 증명하세요." 특히 현직에 있거나 최근에 은퇴한 분들에게 이런 제안을 한다. 심지어 내가 도와주겠다고 말하지만, 실제로 행동으로 옮기는 사람은 열 명 중 한 명도 되지 않는다.

　대부분의 반응은 비슷하다. "지금은 때가 아니에요. 바쁜 일이 끝나면 시작하겠습니다." 하지만 나는 이런 말을 믿지 않는다. "Someday never comes." 그들이 말하는 '그때'는 결코 오지 않는다.

　할 일이 있다면 지금 바로 시작해야 한다. 지금 하지 못하는 일은 시간이 지나도 하지 못할 가능성이 크다. 미래에는 또 다른 장애물이 생길 것이고, 혹은 건강 문제로 더 이상 일을 할 수 없게 될 수도 있다. 실행력을 높이려면 실제로 실행해야 한다. 아이디어가 떠오르면 즉시 시작하는 것이 핵심이다.

많은 사람이 시간적, 경제적 자유를 꿈꾼다. 하지만 자유는 쉽게 얻을 수 있는 것이 아니다. 진정한 자유를 얻으려면 압도적 전문성을 증명해야 한다. 그중 하나가 자신의 노하우를 글로 정리하는 것이다. 이렇게 쓴 글을 모아 책으로 출판하면 전문가로 인정받을 수 있다. 자신만의 전문 분야가 있으면 부자는 아니더라도 안정적인 생계를 유지할 수 있다.

언젠가 글을 쓰겠다고 말하는 대신, 지금 당장 한 줄이라도 당신의 생각을 적어보라. 언젠가 할 거라면 지금 시작하라. 지식에도 유통기한이 있기 때문이다.

23
애매모호함의
비용 청구서

　개떡같이 말해도 찰떡같이 알아들으라는 말이
있다. 하지만 개떡같은 말을 해도 상대방이 찰떡같이 알아들
을 것이라 기대하는 것은 소통의 본질을 왜곡하는 위험한 발
상이다. 개떡같이 말하면 개떡같이 알아들을 수밖에 없다. 우
리는 찰떡같이 말할 수 있는 능력을 갖춰야 한다.
　그 비결은 자신의 주장을 예시를 들어 설명하는 데 있다.
예를 들지 못한다는 것은 엄밀히 말해 그 주제에 대해 모르는
것과 다름없다. 예시를 통해 설명하지 못한다면 진정으로 이
해했다고 볼 수 없다. 이것이 바로 명료함의 본질이며 소통의
핵심이기도 하다.
　명료함에 대해 스티브 잡스는 이렇게 말했다. "명료함은

조직을 나아가게 한다. 대부분은 자신이 속한 조직에 명료함이 결여돼 있다는 사실을 깨닫지 못한다. 십중팔구 그렇다. 나는 명료함을 추구했고 다른 사람들에게도 명료한 의사소통을 요구했다. 나는 애매하게 둘러대는 사람을 참지 못했다.”

애매모호하게 말하는 상사 밑에서 일한 적이 있다. 하라는 말인지 하지 말라는 말인지 이해하기 어려웠다. 그래서 회의가 끝난 후 꼭 상사의 본심이 무엇인지 정리하는 추가 회의를 했다. 이는 시간과 에너지의 엄청난 낭비였고, 팀의 생산성을 갉아먹는 주범이었다.

내가 보기에 선은 명료함이고, 악은 애매모호함이다. 특히 리더에게 이는 더욱 중요하다. 개떡같이 말하면서 찰떡같이 알아듣기를 바라기보다는, 찰떡같이 말할 수 있는 기술을 연마해야 할 때다. 당신의 모호한 소통이 조직에 부과하는 숨겨진 비용을 생각해보라.

24
사람은 바뀔 수 있는가?

    사람이 변할 수 있을까? 이에 대해 의견은 갈린다. 변하지 않는다는 이도 있고, 변한다는 이도 있다. 성선설과 성악설처럼 견해가 나뉜다. 대부분 자기 경험에 기대어 판단하지만, 나는 '습관'을 바꾸면 변할 수 있다고 본다.

    일란성 쌍둥이를 보면 이를 알 수 있다. 똑같은 유전자를 가진 쌍둥이 중 한 명은 술과 담배에 찌든 삶을 살고, 다른 한 명은 법정스님처럼 공부와 수행에 매진한다면, 그들을 같은 사람이라 할 수 있을까? 겉모습만 봐도 전혀 다른 사람처럼 보일 것이다. 이런 걸 보고도 사람은 변하지 않는다고 할 수 있을까?

    이와 관련해 《논어》의 "성상근야, 습상원야"性相近也, 習相遠也

를 떠올린다. 사람은 태어날 때는 비슷하지만, 습관에 의해 크게 달라진다는 뜻이다. 사람의 본성은 원래 비슷하다. 그러나 나쁜 습관을 버리고 좋은 습관을 들이면 전혀 다른 삶을 살 수 있다. 그 핵심은 바로 "배움, 학습"이다.

학교를 졸업한 후 책과 멀어진 사람과 평생 책을 손에서 놓지 않은 사람은 다른 삶을 살 수밖에 없다. 나는 워렌 버핏과 찰리 멍거가 떠오른다. 매일 한 권씩 책을 읽은 워렌 버핏은 90이 넘은 나이에도 주주총회에서 몇 시간 동안 다양한 질문에 통찰력 넘치는 답변을 쏟아낸다. 그 모습에 감탄을 금치 못한다.

나 역시 20년 넘게 책을 소개하고 써오면서 계속 성장하고 있다. 앞으로도 계속 변화할 것이다. 사람은 변하지 않는다고? 공부하지 않으면 변하지 않지만, 공부하면 변한다. 공부하면 유연해지고, 공부하지 않으면 고지식해진다. 변화의 열쇠는 우리 손에 있다.

25
회사에서 정치 따위는
필요 없다고?

"회사에서 정치 따위에는 관심 없어. 난 그저 자기 일만 잘하면 그만이지." 종종 듣는 말이다. 승진을 위해 아첨하지 않고, 오로지 업무에만 매진한다는 뜻으로 쓰인다. 언뜻 보면 당당하고 올곧아 보이지만, 여기에는 치명적인 오해가 숨어 있다. 과연 "조직 내 정치"란 무엇이고, 그것을 완전히 배제하는 것이 정말 현명한 선택일까?

내가 생각하는 정치력이란 "타인의 마음을 얻는 능력"이다. 정치를 하지 않겠다는 것은 "난 내 할 일만 한다. 다른 이들에겐 일말의 관심도 없다. 그들은 그들, 나는 나일 뿐. 남이 뭐라 하든 내 일만 착실히 하면 그만이다"라고 말하는 셈이다. 이런 자세는 홀로 일하는 예술가나 장인에게는 어울릴지 모르나, 수많은 사람이 어우러져 살아가는 조직에서는 치명적인 약점이 된다.

현대의 업무 환경에서 다른 부서의 협조를 이끌어내고, 그들을 설득하며, 내 업무의 가치를 어필해 목표를 이루는 일은 필수다. 이 과정에서 사람의 마음을 얻지 않고서 어떻게 성과를 낼 수 있을까? 내가 남에게 무관심하면, 남 또한 내게 관심 가질 리 만무하다. 내가 그들에게 협조하지 않는데, 그들이 내게 협조해줄 리가 없다. 일은 늘 꼬이고 뒤틀릴 것이며, 누군가는 언제나 내 발목을 잡을 것이다.

내가 생각하는 리더십이란 사람의 마음을 움직여 조직의 목표를 달성하는 것이다. 여기서 말하는 정치력은 음모나 책략과는 거리가 멀다. 동료들의 마음을 진심으로 이해하고 신뢰를 쌓아 그들이 자발적인 지지자가 되게 하는 것, 그것이 바로 건강한 의미의 정치력이다. 조직에서의 정치에 대해 여러분은 어떻게 생각하는가?

26
남들이 외면하는 곳에
숨은 기회가 있다

요즘 의대에 대한 집착이 지나치다. 초등학생을 위한 의대반 학원까지 등장하고, 자식 의대 보내기에 집착하는 부모들의 모습은 결코 정상으로 보이지 않는다. 냉정히 생각해보자. 공부 잘하는 학생이라면 누구나 의대에 가야 할 만큼 의대가 최고의 가치인가? 앞으로도 의사가 지금처럼 대우받을 수 있을까? 물론, 의사는 여전히 존경받는 직업이고 수입도 좋겠지만, 현재의 수익성과 사회적 지위가 계속된다는 보장은 없다. 이런 쏠림 현상은 위험하다.

이럴 때 이스라엘의 후츠파 정신[1]을 생각하면 도움이 된다. 후츠파는 "반대편에 서라"는 뜻이다. 모두가 몰려드는 곳에는 먹잇감이 없고, 오히려 사람들이 기피하는 곳에 기회가 있기 때문이다. 한국의 거창고는 이런 후츠파 정신을 "직업을 찾는 10가지 질문"이라는 글로 재해석했다.

- 월급이 적은 곳으로 가라.
- 내가 원하는 곳 대신 나를 필요로 하는 곳을 택하라.
- 승진 기회가 없어 보이는 곳을 선택하라.
- 모든 게 갖춰진 곳보다 처음부터 시작할 황무지로 가라.
- 사람들이 몰려드는 곳은 피하고 아무도 가지 않는 곳으로 향하라.
- 장래성 없어 보이는 곳으로 가라.
- 사회적 존경을 기대하지 마라.
- 중심이 아닌 주변부로 가라.
- 부모나 배우자가 결사 반대하는 곳이라면 주저 말고 가라.
- 왕관 아닌 단두대가 기다리는 곳으로 가라.

이것은 단순한 반항이 아닌 전략적 선택이다. 당장은 손해

---

1 후츠파(Chutzpah)는 히브리어로 '뻔뻔스러움', '대담함', '용기' 등을 의미하는 단어이다. 이스라엘 사람들은 이 후츠파 정신을 "반대편에 서라"는 의미로 해석한다. 즉, 모두가 몰려드는 곳에는 기회가 없으니 오히려 남들이 외면하고 기피하는 곳에서 새로운 가능성을 찾아야 한다는 것이다. 이는 기존의 상식이나 편견에 도전하고, 색다른 시각으로 세상을 바라보며 혁신을 이뤄내는 이스라엘 특유의 정신을 잘 나타내주는 단어라고 할 수 있다.

보는 것 같아도, 장기적으로는 누구도 발견하지 못한 기회의 금맥을 선점할 수 있다.

우리는 종종 대다수가 선호하는 길, 안정적이고 검증된 길만을 가려 한다. 하지만 그런 길에는 이미 수많은 사람이 몰려들어 경쟁이 치열하고, 새로운 가치를 창출하기 어렵다. 진정한 기회는 아무도 가지 않는 길, 위험해 보이는 길에 숨어 있다. 그 기회를 발견하고 붙잡기 위해서는 남들과 다른 시각, 새로운 관점에서 세상을 바라보는 용기가 필요하다.

27

좋아하는 일을 찾으려면
싫어하는 일도 할 수 있어야 한다

"좋아하는 일을 하고 싶지만 찾을 수 없다"라는 고민을 자주 듣는다. 많은 이들이 좋아하는 일을 찾기 위해 이리저리 헤매고 다닌다. 다양한 일을 해보고, 회사도 옮기고, 여러 모임에도 참석하지만 결국 제자리다. 나는 지금 운 좋게도 좋아하는 일을 하고 있다. 책 읽고, 글 쓰고, 강의하고 자문하는 일이 내 적성에 딱 맞는다. 그런데 어떻게 이 일을 찾았을까?

사실 직장생활은 나와 잘 맞지 않았다. 조직에는 적합하지 않은 사람이라는 걸 깨달았고, 갈등도 많았다. 그러다 우연히 대기업을 나와 작은 컨설팅 회사에서 새로운 가능성을 발견했다.

제안서를 쓰기 위해 경영 관련 책과 보고서를 읽는 게 의외로 힘들지 않았다. 회사 내 강연 테이프를 들으며 재미를 느꼈다. 아무도 시키지 않았지만 열심히 공부하고, 새로운 지식을 흡수하며, 자연스레 글을 썼다. 작가가 되고 싶다기보다는 하고 싶은 이야기가 많았다. 운 좋게 주간지에 2년간 연재하며 독자들이 생겼다.

전환점은 책 소개였다. 세리CEO의 제안으로 시작한 일인데, 처음엔 특별할 게 없어 보였다. 하지만 시간이 흐르면서 상황이 달라졌다. 들이는 시간은 줄었는데 퀄리티는 높아졌고, 책 저자들에게서 감사 인사를 자주 들었다. 책 소개를 들은 기업들에서 강연 요청이 이어졌다. 20년이 넘는 시간 동안 지식이 쌓이고 경험과 연결되면서 시너지가 생겼다. 어떤 주제나 질문에도 자연스레 답할 수 있게 됐고, 가만히 있어도 뇌에서 새로운 아이디어가 떠오르는 경험을 자주 했다. 관심 분야도 계속 넓어졌다. 이 일이 나와 딱 맞는다는 걸 그제야 깨달았다.

하지만 모든 일이 즐거운 건 아니다. 좋은 일, 힘든 일, 싫은 일은 늘 섞여 있거나 구분하기 어렵다. 지금도 책을 읽고 필사하는 건 힘들고 지루하다. 눈이 침침해지면서 읽기도 예전보다 버겁다. 재미없는 책을 읽어야 하는 고통도 있다. 그래도 해야 할 일이기에 참고 다 읽고 필사한다. 그런데 필사 후 글을 요약하고 다듬어 하나의 작품으로 만드는 일은 정말 재미있다. 세상에 이보다 더 재밌는 일은 없다고 느낀다. 그렇게 20년 넘게 요약하는 일을 해오고 있다.

진정으로 좋아하는 일을 찾으려면, 싫어하는 일도 견딜 줄 알아야 한다. 처음부터 좋고 나쁨을 판단하긴 어렵고, 그 판단에는 시간이 필요하다. 책 소개처럼 처음엔 시시해 보였는데 나중에 즐거워질 수도 있고, 반대로 처음엔 좋아 보였는데 나중에 싫증이 날 수도 있다. 좋아하는 일과 싫은 일이 늘 함께한다는 것도 알아야 한다. 마치 요리는 좋아하지만 설거지는 싫은 것처럼. 결국 진짜 좋아하는 일은, 그 속에 있는 불편함까지도 받아들일 수 있을 때 비로소 찾을 수 있다.

28
세상이 날 알아주지 않는 게 아니라, 내가 세상을 모르는 것

실패한 사람에게서 자주 듣는 말 중 하나가 "세상이 나를 알아주지 않는다"이다. 그 말을 들을 때마다 의문이 든다. 그것이 진실일까? 정말 그 사람의 역량이 출중한데 세상이 알아주지 않는 걸까? 하지만 세상이 그를 알아주지 않는 게 아니라, 그 사람이 세상을 잘못 알고 있는 것은 아닐까? 그런 말을 한다는 것 자체가 그의 미성숙함을 보여주는 증거다.

공자는 이렇게 말했다. "세상이 너를 알아주든 알아주지 않든 괘념치 마라. 세상이 알아준다고 네가 더 나은 사람이 되는 것도 아니고, 세상이 너를 몰라준다고 네가 못한 사람이 되는 것도 아니다."

나도 공감한다. 스스로 괜찮은 사람이라고 생각하는 자존감이 중요한 것이지, 세상이 나를 어떻게 대하는지는 그리 중요하지 않다. 알아줄 만하니까 알아주는 것이고, 만약 세상이 나를 알아주지 않는다면 아직 때가 아니거나 내공이 부족하기 때문이다.

이는 마치 상품 광고와도 같다. 정말 좋은 상품은 광고가 필요 없다. 사람들이 자연스럽게 입소문을 내고, 제품은 저절로 팔린다. 반면 결함 있는 상품은 광고가 오히려 독이 된다. 단점이 더 빨리 드러나 시장에서 외면받기 때문이다. 자질이 부족한 사람이 장관 후보가 되어 곤욕을 치르는 모습을 볼 때마다 이런 생각이 든다. '조용히 있었다면 모를 일을, 왜 자기를 드러내 저런 수모를 자초했을까? 스스로 한계를 알았다면 애초에 거절했어야 했는데.'

결국 진정한 실력자는 세상의 인정을 구하지 않는다. 묵묵히 자신의 길을 걸으며 실력을 쌓아갈 뿐이다. 때가 되면 세상은 자연스럽게 그 가치를 알아보게 된다. 세상이 알아주지 않는다고 원망하기보다, 스스로 더 성장시키는 데 집중하는 것. 그것이 진정한 성공으로 가는 지름길이다.

29
실패는 권장하되,
실수는 경계하라

혁신은 실패를 먹고 산다는 말을 자주 듣는다. 실패를 통해 배울 수 있기에 실패를 권장한다는 얘기다. 이는 맞는 말이다. 하지만 여기서 중요한 점은 실패와 실수를 구분 하는 것이다.

흔히 실패라고 부르는 것들은 사실 실수에 가깝다. 디테일 이 부족하거나 준비 없이 덤벼들었다가 쓴맛을 보는 경우가 대표적이다. 이런 것들은 엄밀히 말해 실패라기보다는 실수 에 해당한다. 한 번의 실수는 용납할 수 있지만, 두 번의 실수 는 이미 습관이 된 것이다. 이런 실수는 반드시 피해야 한다.

반면에 진정한 실패란 치밀한 준비와 노력에도 불구하고 예상치 못한 변수로 인해 원하는 결과를 얻지 못하는 것을 말한다. 이런 실패는 오히려 혁신을 위해 필요하다. 새로운 시도에는 항상 실패의 위험이 따르기 마련이다. 하지만 그 과정에서 얻는 교훈과 경험은 다음 도전을 위한 자양분이 된다.

물론 아무리 가치 있는 실패라 해도 그 횟수를 최소화하는 것이 좋다. 실패가 반복되면 개인과 조직의 사기가 꺾이기 때문이다. 지인 중 한 명은 사회 초년에 크게 부도를 낸 후 다시는 일어서지 못했다. 이처럼 실패가 주는 충격과 후유증도 간과할 수 없다.

그러므로 성공적인 혁신을 위해서는 실수와 실패를 구분하는 안목이 필수적이다. 안일한 준비와 부족한 디테일에서 비롯된 실수는 단순한 시행착오에 불과하므로, 이는 철저히 예방해야 한다. 반면 치밀한 준비와 전략적 계획하에 시도했음에도 예상치 못한 변수로 인해 실패한 경우, 이는 오히려 혁신을 위한 값진 자산이 된다. 이러한 의미 있는 실패에서 얻은 깊이 있는 통찰은 다음 도전의 초석이 되며, 이런 경험들이 쌓여 결국 진정한 혁신의 발판이 된다.

30
당신의 순서는
틀렸다

"한국 사람은 축구를 좋아하지 않는다. 이기는 걸 좋아한다. 이기려면 좋아하고 즐겨야 하는데 우린 앞뒤가 바뀐 것 같다." 월드컵이 다가오는데 무관심한 분위기에 이영표가 남긴 말이다.

이 말에서 영감을 받아 이런 생각이 들었다. "한국 사람은 일을 좋아하지 않는다. 대신 돈을 좋아한다. 일을 좋아해야 돈이 생기는데, 정작 돈의 원천인 일은 싫어하면서 어떻게 돈을 벌 생각을 할까? 순서가 잘못됐다."

일의 결과물인 돈을 좋아하지만, 정작 돈을 만드는 일 자체는 싫어한다. 이런 태도는 마치 축구는 싫어하면서 월드컵에서 우승하기를 바라는 것과 같다. 축구를 진정으로 즐기지 않고서 어떻게 세계 정상에 오를 수 있겠는가? 마찬가지로, 일에서 기쁨을 찾지 못하면서 어떻게 큰 성공을 이룰 수 있겠는가?

진정한 성공은 일 자체에서 즐거움과 보람을 발견할 때 찾아온다. 일이 주는 기쁨을 모르는 사람에게 돈은 그저 스쳐 지나가는 하객일 뿐이다.

반면 자신의 일을 진정으로 사랑하는 사람은 다른 길을 걷는다. 처음에는 수입이 적어 힘들어도 꿋꿋이 버티며 실력을 쌓아간다. 이들에게 일은 단순한 돈벌이 수단이 아니라 자아실현의 도구이자 인생의 의미다. 이런 사람들은 결국 자신의 분야에서 탁월한 성과를 이루고, 그에 걸맞은 경제적 보상도 자연스럽게 따라온다.

더 중요한 건, 이들에게 돈은 부산물일 뿐이라는 점이다. 일에서 찾는 성취감과 자부심이 진정한 보상이기에, 금전적 어려움도 참아낼 수 있다. 그렇게 한 걸음 한 걸음 나아가다 보면, 어느새 업계에서 인정받는 전문가가 되어 있고, 그에 따른 경제적 여유도 자연스레 따라오게 된다. 진정한 프로페셔널의 길이란 바로 이런 것이다.

2부

고수는
다르게 본다:

프레임 밖에서 본 진실

Insight

습관적으로 하는 일의 30%를 과감히
없애라 새로운 일을 시작하기 전에, 먼저
불필요한 일을 정리하라. 가짜 일과 진짜
일을 구분하고, 습관적으로 해온 일들을
재점검하라. 정리할 일을 4가지로 분류
해보자. "하지 않아야 할 일", "하지 않아

1
공짜 티켓이
과연 공짜일까?

우연히 받은 공짜 뮤지컬 티켓으로 공연을 본 적이 있다. 비싼 가격에 걸맞은 대단한 무언가가 있을 거라 기대했지만, 실망스러운 경우 난감해진다. 중간에 나올 수도 없이 세 시간을 꼼짝없이 앉아 있어야 하니까.

나는 공연장에서 공짜 티켓 관객과 유료 관객을 구분하는 취미가 있다. 기준은 바로 리액션이다. 자기 돈을 내고 온 사람들은 열광적으로 반응하지만, 공짜로 온 사람들은 시큰둥하다. 자발적 선택이 아니었기에 관심이 덜한 것이다. 억지로 끌려와 앉아 있는데 무슨 열정이 있겠는가?

삶을 대하는 자세도 이와 비슷하다. 크게 두 부류로 나뉜다. 첫 번째는 자신의 삶을 공짜 티켓처럼 여기는 사람들이다. 이들은 자신의 의지와 상관없이 이 세상이란 거대한 공연장에 앉혀졌다고 느낀다. 그래서일까? 인생이란 무대를 대하는 태도가 건성건성하다. 마치 누군가 등 떠밀려 들어온 공연장에서처럼 시간이 빨리 흘러 끝나기만을 기다린다.

반대편에는 삶을 자신이 직접 선택한 유료 티켓처럼 여기는 이들이 있다. 이들에게 인생은 값비싼 대가를 치르고 얻은 한 편의 공연이다. 그래서 매 순간에 의미를 부여하고, 모든 경험에서 교훈을 찾아내려 한다. 본전을 뽑겠다는 각오로 삶의 굽이굽이에 진지하게 임한다. 공연을 보며 열광적으로 반응하는 관객처럼, 자신의 삶에 온전히 몰입해 책임감 있게 살아간다. 같은 무대, 같은 시간이지만 이들이 발견하는 감동은 전혀 다르다.

공짜 티켓이 진정 공짜일까? 아니다. 돈은 내지 않았어도 시간을 지불해야 한다. 그 시간을 어떻게 쓰느냐에 따라 인생의 가치가 결정된다. 당신은 어느 쪽인가?

2
안전 지대의 함정

　자녀가 마음에 들지 않는 사람과 결혼하겠다고 고집을 부린다. 부모로서는 도저히 받아들일 수 없는 상대다. 강하게 반대했지만, 그럴수록 자식은 그 사람을 더 사랑하는 듯하다. 갖은 방법을 다 동원해도 해결되지 않자, 부모는 모든 문제를 신에게 맡긴다며 기도원을 찾기 시작했다. 매주 며칠씩 머물며 1년을 보냈지만, 상황은 달라지지 않았다. 성인이 된 자식은 결국 반대를 무릅쓰고 그 사람과 결혼해 아이까지 낳았다.

　기도가 정말 문제를 해결해주는 걸까? 종교인 중에는 기도를 문제 해결의 도구로 여기는 이들이 적지 않다. 무슨 일만 생기면 기도에 매달린다. 그들은 어떤 기도를 드렸을까?

과연 신이 문제 해결을 도와주실까?

물론 기도하는 중에 해법을 찾을 수는 있다. 하지만 많은 이들에게 기도는 '안전지대'에 불과하다. 문제와 정면으로 맞서 해결하기보다는, 기도라는 도피처에 머물며 해결을 미루는 용도다. 문제의 책임을 자신이 아닌 절대자에게 떠넘기는 셈이다.

문제 해결의 첫걸음은 문제의 실체를 정확히 직시하는 데 있다. 하지만 기도라는 안전지대로 도망치면 이 중요한 첫걸음을 건너뛰게 된다. 우리는 종종 신의 이름으로 문제를 회피한다. 마치 아픈 환자가 병원에 가는 대신 기도만 하는 것과 같다. 그사이 병은 더 깊어진다.

"단식하고 기도하면 나쁜 일이 일어날 것이다"라는 레바논 속담은 이런 맹목적 기도의 위험성을 꼬집는다. 그러므로 기도는 해답이 아니라 힘을 구하는 것이어야 한다. 문제를 해결할 용기와 지혜를 얻는 시간이어야 한다는 뜻이다. 진정한 신앙은 오히려 문제와 정면으로 마주하게 만든다. 도망가는 대신 맞서 싸울 힘을 준다. 진정한 기도는 문제로부터의 도피처가 아닌, 문제와 마주할 용기를 주는 에너지의 원천이어야 한다.

3
강한 놈과 싸워야
강해진다고?

　　히딩크 감독이 한국 축구 대표팀을 처음 맡았을 때, '오대영'이라는 별명이 붙었다. 강팀과의 경기에서 주로 5대 0으로 졌기 때문이다. 히딩크의 전략은 단순했다. "고만고만한 팀과 경기해서는 실력이 늘지 않는다. 센 팀과 붙어야 자신감이 생긴다." 이 접근법에는 일리가 있다. 강한 상대와의 경기에서는 배울 점이 많다.

　　그러나 이와 반대되는 '승리 이론'도 있다. 약한 상대를 이기면 이후 강한 상대와 맞붙어도 승리할 가능성이 높아진다는 것이다. 동물 실험에서도 이를 확인했는데, 자신보다 작은 물고기와 함께 지낸 물고기가 더 큰 물고기와 지낸 물고기보다 공격성이 강해졌다.

이 원리는 인간 사회에도 적용된다. 권투 프로모터 돈 킹은 이를 활용해 마이크 타이슨의 복귀를 성공으로 이끌었다. 타이슨은 약한 상대와의 연속 승리 후, 세계 챔피언과의 경기에서도 이기며 정상에 복귀했다. 권투계에서는 중요한 경기 전 쉽게 이길 수 있는 약한 상대를 은어로 '토마토 통조림'이라 부른다. 타이슨의 첫 토마토 통조림은 피터 맥닐리였다. 경기는 89초 만에 타이슨의 승리로 싱겁게 끝났고, 두 번째 복귀 무대도 마찬가지였다. 그리고 얼마 뒤 세 번째 무대에 섰는데, 이번 상대는 토마토 통조림이 아닌 WBC 세계 챔피언이었다. 하지만 타이슨은 상대를 3회에 눕혔고 결국 다시 세계 챔피언에 올랐다.

그러나 이 이론이 모든 상황에 들어맞는 건 아니다. 골프에서는 타이거 우즈 같은 강자와 경기하면 오히려 상위 랭커들의 실력이 떨어지는 현상이 관찰됐다. 기가 꺾였기 때문이다. 반면, 우즈가 빠진 경기에서는 이들의 실력이 향상됐다. "호랑이 없는 굴에서 여우가 왕 노릇 하는" 상황과 비슷하다. 흥미롭게도 하위 랭커들에게는 우즈의 존재 여부가 큰 영향을 미치지 않았다.

이런 사례들은 승리와 실력 향상의 관계가 단순하지 않음을 보여준다. 강한 상대와의 경쟁이 실력 향상으로 이어질 때도 있지만, 때로는 자신감을 떨어뜨리고 실력 저하를 가져올

수도 있다. 반대로 약한 상대를 이기는 것이 자신감 향상과
실력 상승으로 이어질 수 있다.

　결국 실력 향상의 관건은 상대의 강약이 아니라 승리 그
자체에 있다. 작은 승리를 쌓아가며 자신감을 키우는 것, 그
것이 진정한 실력으로 가는 지름길이다. 때로는 강한 상대에
게 도전하고, 때로는 약한 상대를 꺾으며 승리를 맛보는 것.
이 과정의 반복이 우리를 성장시키는 원동력이 된다.

4
미친 사람은 없다,
각자의 상황에선 모두 합리적이다

우리는 종종 다른 사람의 선택을 쉽게 판단한다. 한 예로, 모건 하우절은 《돈의 심리학》에서 미국인들의 거센 분노를 불러일으킨 타이완의 전자회사 폭스콘에 대한 뉴욕타임스의 고발 기사를 소개했다. 하지만 그곳에서 일하는 한 노동자의 이야기는 우리의 판단이 얼마나 단편적일 수 있는지 보여준다.

그녀에게 그 공장은 구원이었다. 이전에 매춘부로 살았던 그녀에게, 열악한 노동 환경과 낮은 임금은 오히려 더 나은 삶의 선택이었다. 서구의 기준으로는 착취로 보이는 것이, 그녀의 맥락에서는 존엄성을 되찾는 기회였던 것이다.

복권을 향한 빈곤층의 절실함은 또 다른 맥락을 보여준다.

미국의 최저소득층은 최고소득층보다 네 배나 많은 돈을 복권에 투자한다. 당장 400달러의 비상금조차 모으지 못하는 사람들이, 그 금액을 온전히 복권에 쓰는 것이다.

얼핏 보면 말도 안 되는 선택이다. 하지만 이들의 현실을 들여다보면 이유가 보인다. 하루 벌어 하루 먹고 사는 삶에서, 정상적인 방법으로는 결코 부자가 될 수 없다는 걸 그들은 안다. 저축은 불가능하고, 투자는 그림의 떡이며, 고임금 직장은 하늘의 별 따기다.

그들에게 복권은 유일한 탈출구다. 100만분의 1의 확률이라도, 그들의 현실에서는 그마저도 가장 현실적인 희망이다. 부자들의 일상적 삶을 꿈꿀 수 있는 단 하나의 티켓. 그래서 그들은 마지막 돈마저 복권으로 바꾼다. 절망적 현실 속 유일한 희망의 불씨를 살려두기 위해.

타이완 공장 노동자가 선택한 힘든 일자리, 마지막 비상금마저 복권에 거는 빈곤층의 선택. 이런 행동들은 겉으로 보면 비합리적이고 때론 미친 짓처럼 보인다. 우리는 이런 선택을 마주할 때마다 쉽게 판단하고, 더 나은 방법이 있었을 거라 단정 짓는다.

이것은 비단 극단적인 상황에만 해당되는 이야기가 아니다. 일상적 선택들도 마찬가지다. 누군가의 눈에는 이해할 수 없는 결정이, 그 사람의 삶의 지도에서는 가장 현실적인 경로

일 수 있다. 우리 모두는 자신의 경험이라는 지도를 들고, 각 자의 맥락 속에서 최선의 길을 찾아가고 있는 것이다.

그래서 '미친 사람'이란 없다. 다만 우리가 미처 이해하지 못한 그들만의 합리성이 있을 뿐이다. 누군가의 선택을 쉽게 판단하기 전에, 그 선택을 만들어낸 삶의 맥락을 먼저 들여다 보는 것. 그것이 진정한 이해의 시작이다.

5
무지가 주는 힘:
알면 못 할 일들의 축복

아프리카의 한 광산에서 일이 벌어졌다. 여섯 명의 광부가 석탄을 캐던 중 갑자기 갱도가 무너지면서 출구가 막혔다. 그곳의 산소량으로는 3시간을 버티기 힘들었고, 구조대가 도착하기엔 너무 짧은 시간이었다. 광부들 중 단 한 명만이 손목시계를 차고 있었는데, 그는 30분마다 시간을 알려주기로 했다. 처음에는 정직하게 시간을 얘기했지만, 점차 훨씬 더 많은 시간이 흐른 뒤에야 시간을 알려주었다. 동료들을 안심시키기 위해서였다.

구조대가 도착했을 때는 4시간이 지난 후였다. 그런데 놀랍게도 다섯 명이나 살아 있었다. 산소 공급이 차단된 상태에서 이렇게 오래 버티는 건 흔치 않은 일이었다. 그런데 유일하게 목숨을 잃은 사람이 누구였는지 아는가? 바로 손목시계를 차고 있던 그 광부였다. 정확한 시간을 알고 있던 그만 죽고, 시간을 몰랐던 이들은 살아남은 것이다.

우리는 흔히 아는 게 힘이라고 말한다. 맞는 말이다. 하지만 늘 그런 건 아니다. 때로는 모르는 게 힘이자 약이 될 수 있다. 미래가 대표적이다. 우리는 종종 앞이 보이지 않는다고 하소연한다. 하지만 사실 미래는 앞이 보이지 않기에 우리가 살고 있는 것일지도 모른다.

결혼도, 사업도, 인생의 큰 도전들은 대부분 모르기에 시작한다. 그 길에 놓인 모든 고난과 시련을 미리 알았다면, 아마 첫 발걸음조차 떼지 못했을 것이다. 무지는 때로는 용기가 되고, 희망이 되어 우리를 앞으로 이끈다. 광부들의 사례는 불확실성 앞에서 우리가 취해야 할 자세를 보여준다. 모든 것을 알려고 애쓰기보다는, 때로는 모르는 것을 받아들이고 그 속에서 새로운 가능성을 발견하는 지혜가 필요하다.

6
비워야 새로운 것이
들어온다

옛 중국에 50년 넘게 장기계의 왕좌를 지켜온 초특급 고수가 있었다. 어떻게 그리 오랫동안 정상의 자리를 유지할 수 있었느냐는 물음에 그는 이렇게 답했다.

고수가 되는 비결은 간단합니다. 장기의 왕좌에 오르면 내가 썼던 비법을 모두에게 공개합니다. 다른 이들이 그 비법을 익히는 동안 저는 그 수를 이기는 새로운 수를 만드는 데 전념합니다. 버려야 얻을 수 있습니다. 자기가 가진 것에 안주하면 제자리걸음입니다. 알고 있는 것을 계속 내보내야 합니다. 그래야 성장할 수 있습니다.

종종 사소한 글 하단에서 "카피라이트 바이 홍길동"이라는 문구를 마주친다. 특별할 것 없는 내용에 저작권을 주장하는 모습이 왠지 불편하다. 나는 그래서 스스로를 '카피레프티스트'라 부른다. 내가 쓴 글이든, 한 말이든 누구나 자유롭게 가져다 쓰라는 뜻이다.

어차피 우리가 '내 것'이라 부르는 지식들은 무엇일까? 책에서 읽었거나, 누군가에게 들었거나, 경험에서 배운 것들을 나름대로 해석해놓은 것에 불과하다. 그런 의미에서 모든 지식은 빌린 것이고, 우리는 잠시 맡아 다듬어 다시 세상에 내놓는 해석자일 뿐이다.

계속 버려야 새로운 것을 얻을 수 있다. 그 자리에 머물러 있으면 발전할 수 없다. 끊임없이 새로운 영역으로 확장하고 변화해야 성장할 수 있다. 이는 진리 중의 진리다.

장기 고수의 지혜는 우리의 지식과 경험도 끊임없이 공유하고 비워낼 때 비로소 새로운 성장이 시작된다는 것을 보여준다. 지금 당신이 움켜쥐고 있는 것들을 과감히 나누고 비워낼 때, 더 큰 성장의 기회가 찾아올 것이다. 이제 당신이 가진 것들을 세상과 나눌 차례다.

7
확신은 무지에서
비롯된다

한국에는 신념에 가득 찬 이들이 넘쳐난다. 확성기를 크게 틀면서까지 자기주장을 남에게 강요하는 사람도 많다. 이걸 믿어라, 누구를 석방하라, 저 사람을 구속하라, 이 놈은 나쁜 놈이다, 이러면 안 된다, 저래야 한다 등등. 뜻대로 되지 않으면 길까지 막고 난리를 피우기도 한다. 온라인에서도 그런 사람들은 많다.

그들을 볼 때마다 여러 의문이 든다. 어떻게 저리도 자기 확신이 강할까? 그 확신의 근거는 무엇일까? 반대편 사람들과 대화해본 적이 있을까? 자기 생각이 틀릴 수 있다고 생각해본 적은 있을까? 만약 자기 생각이 잘못되었음을 깨닫는다면 어떻게 될까?

나는 강한 신념을 가진 사람을 볼 때마다 그들의 삶이 궁금해진다. 확신에 찬 목소리 뒤에 숨은 일상의 모습 말이다. 책을 얼마나 읽고 있을까? 다양한 관점의 신문과 잡지를 접하고 있을까? 주로 어떤 사람을 만나며 어떤 대화를 나눌까?

더 나아가 그들의 사적인 삶도 궁금하다. 술과 담배는 어떻게 하는지, 규칙적인 운동으로 건강을 챙기는지, 충분한 수면은 취하는지. 가족들과는 어떤 관계를 맺고 있을까? 무엇보다 자신의 삶에 진정으로 만족하고 있을까?

이런 의문이 드는 이유는 간단하다. 진정 풍요로운 삶을 사는 사람은 대개 타인의 삶을 쉽게 판단하지 않기 때문이다. 자신의 삶도 제대로 돌보지 못하는 사람이 타인의 삶에 대해 강한 확신을 갖고 있다면, 아이러니가 아닐까?

"나는 신념에 가득 찬 사람보다 의심에 가득 찬 자를 신뢰한다." 소설가 김훈의 말이다. 나 역시 신념 가득한 이를 진심으로 의심한다.

내가 보기에 신념이란 무지의 결과물이다. 한 가지만 알기에 다른 모든 것을 부정하는 것, 그것이 바로 맹목적 확신이다. 나이 들수록 확신할 수 있는 게 없어진다. 무엇보다 이런 내 생각조차 의심스럽다. 나는 나 자신을 의심한다.

8
지식의 시대에서
통찰의 시대로

아는 게 힘일까? 더 이상 그렇지 않다. 구글 검색 한 번이면, AI에 질문 몇 번 해보면 무엇이든 알 수 있는 세상이다. 백과사전을 달달 외운들 무슨 의미가 있겠는가?

그렇다면 무엇이 진정한 힘일까? 단순히 아는 것을 넘어, 그것을 발판으로 더 깊이 사고하는 힘이 필요하다. 마치 퍼즐 조각들을 맞추듯, 개별 지식들을 새로운 방식으로 조합하고 재해석하는 능력이다. 정보를 넘어 통찰로 나아가는 능력이다. 경제 뉴스에서 사회 변화를 읽어내고, 과거 패턴에서 미래 가능성을 발견하는 것이 진정한 사고력이다.

예를 들어 스마트폰의 등장을 단순한 기술 혁신으로만 보는 게 아니라, 인간 관계의 변화와 새로운 비즈니스 기회로 보는 것이나 음식 배달 서비스의 증가를 단순한 편의성 향상이 아닌, 1인 가구 증가와 주거 형태의 변화, 더 나아가 도시 설계의 변화까지 연결해보는 능력 말이다.

이런 통찰력은 평범한 사실에서 비범한 의미를 읽어내는 능력이다. 흩어진 점들을 하나의 선으로 잇는 작업이기도 하다. 예를 들어, 코로나 시대의 재택근무 증가가 부동산 시장과 교통 체계, 나아가 도시의 미래에 어떻게 영향을 미칠지 예측하는 것도 그렇다. 이처럼 개별 현상들 사이의 숨은 연관성을 발견하고, 그 속에서 의미 있는 패턴을 찾아내는 것이 정보 홍수 시대에 진정으로 가치 있는 능력이다.

여기에 또 하나의 핵심 능력이 있다. 바로 연결의 기술이다. 이는 갈증을 가진 사람과 해답을 가진 사람을 이어주고, 기회를 찾는 이와 자원을 가진 이를 연결하는 것이다. 마치 큐레이터처럼, 각각의 요소들이 만나 시너지를 낼 수 있도록 조합하는 능력이다.

이런 연결의 힘은 서로 무관해 보이는 정보들 사이의 의미 있는 관계를 발견하고, 이를 통해 새로운 가치를 창출하는 것이다. 결국 미래의 진정한 경쟁력은 많이 아는 것이 아니라, 알고 있는 것들을 새롭게 조합하고 재해석하는 능력에 있다.

9
욕심을 버리면
행복해질까?

　　한 지인이 운동과 식이요법을 오래 하다 보니 먹고 싶은 게 없어져 오히려 고민이라는 말을 했다. 나 역시 오랫동안 음식 섭취를 절제하려 노력해왔다. 좋아하던 튀김, 달콤한 디저트, 삼겹살에 소주 같은 것들을 가능한 한 멀리하려 했다. 나이 들어 소화력도 떨어지고 후유증도 있기에 그랬다. 어느새 참는 것이 힘들지 않고, 그런 음식 생각도 잘 나지 않는다. 먹고 싶은 것이 예전보다 확연히 줄었다.

　하지만 문득 의문이 든다. 이게 정말 좋은 걸까? 불교에서 말하는 것처럼 욕심을 버리는 것이 진정한 행복으로 가는 길일까? 고통의 원인이 욕심이라면, 모든 욕심을 버리면 정말 우리는 더 나아질까?

음식에 대한 욕구는 생존에 대한 욕구이자 삶의 욕구 아닐까? 먹고 싶은 게 없다는 건 더 이상 살고 싶지 않다는 뜻일 수도 있다. 지나친 식탐은 경계해야 하지만, 음식에 대한 욕구마저 사라지는 건 일반인이 바라는 목표는 아닌 것 같다. 먹고자 하는 욕구가 있다는 것 자체가 우리가 살아 있음을 보여주는 증거이기 때문이다.

욕심도 마찬가지다. 지나친 욕심은 불행의 씨앗이 되겠지만, 욕심조차 없는 인간은 더 이상 인간이 아닌 신선에 가까울 것이다. 하지만 우리는 신선이 아닌 인간으로 살아가고 있다.

욕심을 죽이려 하지 말자. 절제는 욕심을 죽이는 게 아니라 길들이는 것이다. 욕심을 버리는 순간 우리는 더 이상 인간이 아닌 다른 무언가가 된다. 욕심을 가진 채로, 그러나 욕심에 휘둘리지 않으면서 살아가는 법. 이것이 인간이 도달할 수 있는 최고의 경지다.

욕심은 마치 불과 같아서, 통제하지 못하면 모든 것을 태워버리지만 적절히 다스리면 문명을 이룩하게 만든다. 삶의 열망을 완전히 지우려 하기보다는, 그것을 창조적 에너지로 승화시키는 기술을 익혀야 한다.

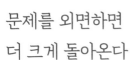

10
문제를 외면하면
더 크게 돌아온다

"이 또한 지나가리라"라는 말을 들으면 나는 마음이 불편해진다. 이 말은 마치 문제를 해결하기보다 외면하고 있는 듯한 인상을 주기 때문이다. 과연 그냥 지나갈까? 물론 그런 경우도 있겠지만, 또 다른 형태로 문제가 반복될 가능성이 높다.

지인의 이야기가 떠오른다. 그의 아들은 사고뭉치였다. 그런데 엄마는 늘 따뜻한 모성으로 감쌌다. 한마디의 꾸중도 없었다. 문제가 생길 때마다 코치를 불러 엄마 역할을 대신하게 했다. 당연히 아들은 변하지 않았다. 오히려 문제의 크기만 커졌다.

그 엄마는 문제가 생길 때마다 "이 또한 지나가리라"는 주문을 외웠다. 하지만 나는 그녀의 문제가 해결되지 않는다는 데 한 표를 던진다. 점점 더 다양하고 큰 문제들로 번져갈 것이다. 문제를 피하는 건 답이 아니다. 그것은 마치 땅 위에 솟은 잡초를 보고도 모른 척하는 것과 같다. 지금 당장은 눈에 보이지 않을지 몰라도, 잡초의 뿌리는 땅 밑에서 점점 더 깊게 자리 잡아 나중에는 더 강하게 자라날 것이다.

문제의 근원을 정확히 찾아내 뿌리째 뽑아내야 한다. 잡초를 뽑을 때도 뿌리까지 함께 뽑아내야 하듯, 문제도 표면적인 현상이 아닌 그 이면의 진짜 원인을 찾아 해결해야 한다.

적극적으로 대안을 찾고 행동해야만 실마리가 보인다. 진정한 해결은 불편하더라도 문제의 본질을 직시하고, 해결책을 찾아 실천하는 데서 시작된다. 그래야만 같은 문제가 반복되는 악순환에서 벗어날 수 있다.

병도 마찬가지다. 병의 원인을 찾아내 근본적인 생활 습관을 바꾸지 않는다면, 그 병은 언제든 재발할 수 있다. 제발 "이 또한 지나가리라"와 같은 달콤한 말에 현혹되지 말자. 문제와 정면으로 마주하는 것, 그것이 진정한 해결로 향하는 길이다.

11
자유가 커질수록
자유가 줄어드는 이유

"연애하고 싶은데 기회가 없어요. 마음에 드는 사람을 만날 수가 없네요." 많은 이들의 하소연이다. 그런데 이상하다. 마음에 드는 사람이 갑자기 대량으로 사라진 것일까?

자유는 양날의 검이다. 모든 게 가능해지면 도리어 사람들은 갈피를 못 잡는다. 무엇이 옳은지, 어떤 게 좋은지 혼란스러워진다. 선택의 자유가 커질수록 결정은 더 어려워진다. 이게 바로 자유가 가진 아이러니다. 사랑도 마찬가지다. 누구든 만날 수 있는 자유를 얻었지만, 오히려 진정한 사랑을 찾기는 더 힘들어졌다. 어떤 제약이 있을 때 더 선명하게 보이는 것들이 있고, 완전한 자유 속에서 오히려 희미해지는 것들이 있다. 이런 현상은 연애만이 아닌 인생의 모든 선택 앞에서 반복된다.

사람 만나기가 힘들어진 건 선택의 폭이 넓어졌기 때문이다. 신분과 전통이 사라진 지금, 우리는 누구와도 결혼할 수 있다. 하지만 누구와도 가능하다는 건 누구와도 힘들다는 얘기이기도 하다. 그래서 나름의 선택 기준을 세운다. 구체적 조건을 달아 후보를 걸러내는 식이다. 예전엔 3고(高), 즉 고소득, 고학력, 고신장이 기준이었다면, 지금은 여기에 직업, 나이, 외모, 거주지, 가족 관계까지 더해졌다. 다들 기준이 비슷비슷하다 보니, 그런 스펙을 갖춘 이는 많지 않다.

진정한 고수는 이런 상황에서 오히려 기준을 단순화한다. 스펙이나 조건보다 그 사람의 본질, 즉 가치관과 삶의 태도를 본다. 선택의 자유가 주어졌다고 해서 모든 걸 따져보려 들면, 오히려 핵심을 놓치기 쉽다. 때로는 제약을 두고 시야를 좁히는 것이 더 명확한 선택으로 이어진다. 선택지가 많다고 좋은 게 아니다. 중요한 건 그 속에서 진짜 가치 있는 걸 알아보는 눈이다.

12
천직은 없다

젊은이 대상 강의에서 자주 듣는 말이 있다. "좋아하는 일이 뭔지 모르겠다"라는 것이다. 좋아하는 일을 하며 살고 싶지만 도무지 알 수 없다는 거다. 그걸 찾으려 이 것저것 해보고 인턴도 여러 번 했지만, 여전히 모르겠다고 한 다. 이 말을 들을 때마다 드는 생각이 있다. 첫눈에 반하는 그런 일이 정말 있을까? 김연아나 손흥민 같은 스포츠 선수들에게나 가끔 있는 일 아닐까? 내게 꼭 맞고, 정말 좋아하는 일이 그냥 툭 튀어나올까?

최인아책방의 대표 최인아는 이렇게 말한다. "재밌는 일은 존재하지 않는다. 발견하는 게 아니라 시간과 노력을 들여 찾는 거다. 어떤 일을 꾸준히 하다 보면 재미를 느끼게 된다. 첫

눈에 반하진 않았어도 만나다 보면 매력을 느끼게 되는 사람처럼 말이다."

내 경험도 그랬다. 대기업 엔지니어 생활이 나와는 맞지 않다고 느꼈다. 취미나 적성은 모호했지만, 적어도 이 일은 아니란 건 확실했다. 매일 반복되는 출퇴근, 회의, 상사와의 갈등, 성과와 무관한 월급… 이런 건 내 길이 아니었다. 그래도 생계를 위해 계속 부딪치다가 지금의 일을 찾았다.

이 일도 하루아침에 발견한 건 아니다. 일단 싫어하는 건 걸러냈다. 좋아하는 건 모호해도 싫어하는 건 뚜렷하니까. 그 과정에서 가장 중요한 건 자유와 주도성이란 사실을 알았다. 내가 판단하고 결정하고 싶었다. 남이 시키는 일을 억지로 하고 싶지 않았다.

그다음은 잘하는 일을 찾았다. 나는 협업보다 혼자 하는 게 맞았고, 하드웨어보다 지식이나 통찰을 다루고 싶었다. 그래서 책을 선택했다. 책을 읽고, 쓰고, 강연하면서 다른 이에게 영향을 주고 싶었다. 가장 어려웠던 건 고객이었다. 아무리 잘해도 누군가가 찾아줘야 하는데, 고객을 모으고 팬으로 만드는 게 가장 오래 걸렸다. 최인아는 이렇게 덧붙인다.

일에서 재미를 느끼려면 몇 가지 경험이 필요하다. 가장 중요한 건 주도성이다. 아이디어를 찾을 때, 동료 반대를 무릅쓰고 밀어붙일 때, 결국 성과를 낼 때 재미를 느낀다. 노력과 수고를 들이지 않으면 재미의 세계에 발을 들일 수 없다. 또 하나는 핵심에 닿는 것이다. 세상이 말하는 대로가 아니라 자신만의 시간과 노력으로 일의 본질까지 파고드는 것이다. 겉으로는 알 수 없던 일의 본질과 마주하면 나만의 시선이 생긴다. 그걸 내 방식대로 하다 보면 재미가 붙기 시작한다.

결국 좋아하는 일을 찾는 것은 노력과 시간이 필요한 여정이다. 처음부터 완벽히 들어맞는 일을 발견하기란 쉽지 않다. 오히려 다양한 경험을 쌓으며 내게 맞지 않는 것들을 하나씩 걸러내는 과정이 중요하다. 그 과정에서 내가 진정 원하는 것, 내가 잘할 수 있는 것, 나에게 재미와 보람을 주는 것이 무엇인지 조금씩 깨닫게 된다. 그 모든 경험이 결국은 나를 성장시키고 내 길을 찾아가는 데 밑거름이 된다.

우리는 종종 좋아하는 일을 발견하는 것이 마치 운명적인 사랑을 만나는 것처럼 극적일 거라 믿는다. 하지만 현실은 다르다. 진정 내 길을 찾는 것은 한 번의 번개 같은 깨달음이 아니라 수많은 노력과 시도 그리고 실패의 연속이다.

먼저 현재 하고 있는 일에서 당신이 가장 싫어하는 세 가지를 명확히 적어보라. 그것들은 당신이 앞으로 찾아갈 길의 중요한 이정표가 될 것이다. 그다음 지금까지 했던 일들 중에서 작은 성취감이나 즐거움을 느꼈던 순간들을 떠올려보라. 그 순간들의 공통점을 찾다 보면 당신이 진정으로 원하는 것의 실마리가 보일 것이다. 좋아하는 일은 거창한 깨달음이 아닌, 이런 작은 단서들을 모아가는 과정에서 서서히 모습을 드러낸다. 무엇보다 당신이 지금 느끼는 혼란과 불확실함도 언젠가는 의미 있는 경험으로 재해석될 것을 믿어라.

그러니 좋아하는 일을 아직 찾지 못했다고 조급해할 필요는 없다. 지금 이 순간에도 우리는 모두 그 길을 향해 한 걸음 한 걸음 나아가고 있는 것이다. 중요한 건 포기하지 않는 것, 그리고 내가 걸어온 모든 과정이 결코 헛되지 않으리라 믿는 것이다. 언젠가 우리는 자신만의 보물 같은 일을 발견하게 될 것이다.

13
착각도 때로는
약이 된다

인간은 왜 착각을 할까? 대부분 착각을 부정적으로만 바라보지만, 착각이 우리 삶에 도움이 될 수도 있다는 사실을 아는가?

《착각의 쓸모》(샹커 베단텀 지음, 반니)는 착각의 숨겨진 이점을 과학적으로 설명한다. 책에 따르면, 자기기만은 실제로 신체에 변화를 일으킨다.

미국 외과 의사 브루스 모슬리의 실험이 대표적이다. 그는 관절염 환자들에게 무작위로 플라시보 수술을 했다. 2년 후 결과는 충격적이었다. 실제 수술을 받은 환자나 가짜 수술을 받은 환자나 모두 비슷한 수준으로 호전된 것이다. 여기서 주목할 점은 단순히 수술 자체가 아니라, 병원이라는 공간과 의사의 믿음직한 말 한마디가 만들어낸 자기기만이 실제 치료 효과로 이어졌다는 사실이다.

와인 실험도 흥미롭다. 싸구려 와인에 비싼 가격표를 붙여 마시게 했더니, 실제로 비싼 와인을 마실 때처럼 뇌의 쾌락 중추가 반응했다. 이는 현실의 진실 여부와 상관없이 자기기만이 실제 신체 변화를 일으킬 수 있다는 증거다. 게다가 자기기만은 불안을 줄이고 심리적 안정감도 준다.

때문에 착각은 단순한 오류가 아닌, 생존의 유효한 전략일 수 있다. 인간의 인지적 한계, 시스템의 복잡성, 불확실한 미래… 이런 상황에서 의사결정을 하고 전진할 수 있는 건 역설적으로 '적정 수준의 착각'이 있기 때문이다. 실제로 고성과 조직의 리더들은 종종 '과도한 자신감'이나 '비현실적 낙관'이라 불릴 만한 착각을 품고 있다. 지금 이 순간에도 우리는 이런 착각들이 만드는 미세한 균형점 위에서 더 나은 결과를 만들어내고 있는지도 모른다.

우리의 뇌는 완벽한 진실보다 유용한 착각을 선택했고, 그것이 인류를 지금까지 생존하게 만든 진화의 비밀일지도 모른다. 결국 '적절한 자기기만'이야말로 우리가 진화 과정에서 획득한 가장 영리한 생존 전략인 셈이다.

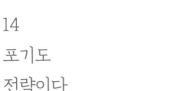

14
포기도
전략이다

우리는 포기를 부정적으로 본다. 포기를 곧 실패로 여긴다. "포기는 김장할 때나 써라"고 말하기도 한다. 그런데 정말 그럴까? 무슨 일이든 포기 말고 될 때까지 해야 할까?

우선 나는 싫증을 잘 내고 지루함을 못 참는 편이다. 재미없고 하기 싫은 걸 굳이 참아야 할까? 이런 의문을 늘 품었다. 그런 상황이라면 접고 새로운 걸 찾는 게 낫지 않나 싶었다. 공학박사를 했지만 40대 초반에 그 분야를 떠난 것도, 대학교수를 몇 년 하다 그만둔 것도 그런 맥락에서였다. 《큇: 자주 그만두는 사람들은 어떻게 성공하는가》라는 책에 나온 내용을 소개한다.

에베레스트산에 도전하는 이들에게는 절대적 규칙 한 가지가 있다. 반환 시간이다. 산 정상에 도달하지 못했더라도 반환시간 전에는 반드시 캠프로 복귀를 시작해야 한다. 이 규칙을 어기면 정상을 정복해도 하산하다 사망할 확률이 매우 높기 때문이다.

성공은 가치 없는 어려운 일을 계속한다고 해서 이룰 수 있는 게 아니다. 중요한 것은 언제 끈기를 가지고 계속 해야 할지, 언제 그만두어야 할지 알고 이를 결정하는 능력이다.

꾸준히 하는 것도 능력이지만, 이 일이 내 영역이 아니라 판단해 그만두는 것 역시 능력이다. 포기해야 새 공간이 열리고, 그래야 다른 길을 볼 수 있다. 때로는 포기가 답이다. 포기를 죄악시하지 말자. 포기는 새로운 출발을 위해 필요한 전략적 선택일 수 있다.

"한쪽 문이 닫히면 다른 문이 열린다. 하지만 사람들은 닫힌 문을 보느라 열린 문을 보지 못한다." 헬렌 켈러가 한 말이다.

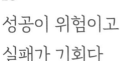

15
성공이 위험이고
실패가 기회다

'호사다마'라는 말이 있다. 좋은 일에는 나쁜 일도 함께 온다는 뜻이다. 그런데 나는 이를 조금 다르게 해석한다. 잘 나갈 때일수록 조심하라는 의미로 본다.

별 볼 일 없을 때는 실수해도 큰 문제가 되지 않는다. 아무도 관심을 갖지 않기 때문이다. 하지만 유명해지면 상황이 달라진다. 사소한 실수도 뉴스거리가 되고 입에 오르내리기 쉽다. 과거의 실수까지 들춰지면서 망신을 당하기도 한다. 장관 후보로 지명되었다가 전입 위장이나 자녀 문제로 낙마하는 경우가 대표적이다. 후보가 되지 않았다면 몰랐을, 묻혔을 일들이 세상에 다 까발려지는 것이다. 유명 스포츠 선수들의 학창 시절 폭력 문제도 마찬가지다.

이런 사례들을 보면 좋은 일과 나쁜 일의 경계가 모호하다는 걸 알 수 있다. 좋고 나쁜 일이 뒤섞여서 발생하기 때문이다. 그렇다면 어떻게 해야 할까? 반대로 질문을 던져보자. 좋아 보이는 일에서 잃을 것은 없는지, 나빠 보이는 일에서 얻을 것은 없는지 따져보는 것이다.

최근에 40대 중반에 결혼한 부부를 주례한 적이 있다. 나는 이런 질문을 던졌다. "보통 늦은 결혼을 부정적으로 본다. 출산과 양육이 쉽지 않기 때문이다. 그런데 늦게 결혼해서 좋은 점은 없을까?" 두 사람은 딱히 대답을 못 했다. 그래서 내가 이렇게 말했다. "당신들은 또래보다 한결 젊게 살 수 있다. 아이가 어리니 자연스레 10살 이상 어린 학부모들과 어울리게 될 텐데, 그러다 보면 어느새 젊어지게 된다. 이는 학문적으로도 입증된 사실이다."

때론 손해 보는 줄 알았던 선택이 나중에는 큰 행운으로 돌아오기도 하고, 반대로 득 볼 줄 알았던 선택이 치명적 실수가 되기도 한다. 기회가 왔을 때는 그 이면의 위험을 경계하는 지혜가, 역경에 부닥쳤을 때는 그 속에서 성장의 싹을 찾아내는 눈이 필요하다.

그러므로 일희일비하지 말고, 인생의 부침을 겸허히 받아들여야 한다. 기회와 위기의 표리일체表裏一體를 깨닫는 것, 그것이 바로 호사다마의 진정한 의미다.

16
비결을 알면
오히려 성공하기 어렵다

　　세상에는 온갖 비결과 노하우가 넘쳐난다. 출세, 장사, 돈 버는 법, 인간관계, 건강, 행복 등 무엇이든 그에 대한 비법을 알려준다고 난리다. 하지만 문득 의문이 든다. 이런 비결을 잔뜩 늘어놓은 사람들이 정말 그 분야에서 성공한 사람들일까? 돈 버는 비결을 쓴 사람이 실제로 부자일까? 리더십에 대해 책을 쓴 사람은 진정한 리더일까? 그렇지 않은 경우가 더 많아 보인다.

　　더 중요한 건, 이런 비결을 접한 사람들이 과연 그대로 따라 하면 성공할 수 있느냐는 점이다. 출세 비법을 읽고 그대로 따랐다고 해서 정말 출세할 수 있을까? 무엇이든 비결만 알면 해낼 수 있다고 생각하지만, 현실은 그리 쉽지 않다. 어떤 일이든 전제 조건이 있기 마련이다. 체력, 능력, 인품 같은 기본기가 바로 그것이다. 이런 기본기가 갖춰지지 않은 채 비결만 안다고 해서 무슨 소용이 있을까?

남이 만든 비결을 참고하는 것 자체는 나쁘지 않다. 하지만 그 비결을 그대로 따른다고 해서 성공을 보장할 순 없다. 대신 기본에 충실하면서 스스로의 힘으로 높은 경지에 오르는 것이 더 나은 방법이다. 그 과정에서 시행착오와 좌절은 불가피하다. 하지만 그런 경험을 거치며 어느 순간 자신만의 비결을 터득하게 될 것이다. 그런 깨달음 없이 인터넷에 떠도는 수많은 비결을 접한들 그림의 떡일 뿐이다.

진정한 고수들은 남의 비결을 좇지 않는다. 그들은 실패를 두려워하지 않으며, 자신만의 방식으로 문제를 해결해나간다. 아이러니하게도 이런 깨달음은 다른 사람에게 그대로 전수될 수 없다. 마치 등산로를 자세히 설명해준다고 해서 히말라야 정상 정복의 체험을 전할 수 없는 것처럼 말이다.

결국 당신이 찾아야 할 것은 누군가의 비결이 아닌, 자신만의 길이다. 그 과정에서 자연스럽게 터득되는 통찰이야말로 당신만의 비결이 된다.

17

한 우물을 파는 것이
정답일까?

뚜렷한 업적을 남긴 과학자들은 의외로 연구주제를 자주 바꾸었다. 오랜 기간 큰 영향력을 발휘한 과학자들은 1번째 논문부터 100번째 논문까지 평균 43번이나 주제를 바꾼 것으로 나타났다. 생산성을 끌어올리려면 긴장감이 필요한데, 이는 낯선 곳, 새로운 영역에서 나온다. 그래서 창의적인 인물들은 대개 여러 프로젝트를 동시에 진행하곤 한다.

3M의 인사정책은 이런 멀티트래킹의 대표적 사례다. 이 회사는 몇 년마다 엔지니어들의 부서를 바꾼다. 방음 기술 전문가가 평면 스크린 부서로, 접착제 연구원이 의료기기 팀으로 이동하는 식이다. 직원들은 처음에 이런 순환 정책을 강하게 반발했다. 수년간 쌓아온 전문성을 포기하고 전혀 모르는

분야로 가야 하는 게 불합리하다는 것이다. 게다가 새로운 분야에서는 초보자나 다름없어 자존심도 상한다.

하지만 3M은 이런 불만을 감수하면서도 정책을 고수했다. 서로 다른 분야의 지식과 경험이 섞일 때 혁신이 일어난다는 걸 알았기 때문이다. 실제로 3M의 많은 히트 상품들은 전혀 다른 분야의 기술이 만나면서 탄생했다. 한 분야의 전문성을 쌓는 것만큼 다양한 지식을 연결하고 융합하는 것이 중요하다는 걸 3M은 잘 알고 있다.

오늘날의 혁신은 더 이상 하나의 깊은 전문성만으로는 이루어지기 어렵다. 서로 다른 분야의 지식이 충돌하고 융합하는 경계선에서 진정한 창조가 시작되기 때문이다. 마치 강물이 바다와 만나는 하구에서 가장 풍부한 생태계가 만들어지듯, 서로 다른 지식의 교차점에서 가장 역동적인 혁신이 탄생한다. 결국 전문성의 진정한 의미는 한 분야의 깊이가 아닌, 다양한 영역을 넘나들며 새로운 가치를 창출해낼 수 있는 유연한 지적 능력에 있는지도 모른다.

18
느슨한 집중의 힘

미인을 유혹하고 싶다고? 비결은 의외로 간단하다. 그녀를 무관심하게 대하는 것이다. 특별 대우를 하기보다는 무심하게 대하라. 그러면 어떤 일이 일어날까? 미인이 오히려 열을 받는다. '어째서 나를 몰라보는 거지?' 하면서 자신도 모르게 점점 그 사람에게 끌리게 된다.

유명 앵커의 일화가 떠오른다. 그녀가 영국 유학 시절, 한 남자가 정확히 이런 태도를 보였다고 한다. 한국에서 엄청나게 유명한 앵커인지라 만나는 사람마다 아는 척, 친한 척했건만 오직 그 남자만 시큰둥했다는 것이다.

유명인은 본능적으로 타인의 호의적인 반응을 즐긴다. 그런데 혼자서만 별다른 관심을 보이지 않으니 오히려 신경이

쓰이는 법이다. 다들 자신을 알아보고 반기고 친해지려 애쓰는데, 그 사람만 무심하게 대하자 되레 앵커 쪽에서 먼저 다가가게 되었고 결국 둘은 연인이 되어 결혼에까지 이르렀다.

가끔은 애써 심은 꽃보다 무심결에 피어난 꽃이 더 아름답다. 이는 인간관계뿐 아니라 모든 성공의 영역에서도 마찬가지다. 영업에서도 지나치게 적극적인 것보다 여유 있게 한 발물러서는 게 더 효과적이고, 협상에서도 너무 앞서가기보다무심한 듯 거리를 두는 게 더 좋은 결과를 만든다. 리더십에서도 일일이 간섭하기보다 적절한 거리를 두고 지켜보는 게구성원의 자발성을 끌어낸다.

이러한 역설은 우리의 뇌가 작동하는 방식과도 닮아 있다. 뇌과학자들은 가장 창의적인 아이디어가 직접적인 몰입 상태가 아닌, 산책이나 샤워처럼 이완된 순간에 떠오른다는 사실을 발견했다. 이는 '무관심의 기술'이 단순한 처세술이 아닌, 인간의 본질적인 특성과 맞닿아 있음을 보여준다. 과도한 의식이 오히려 자연스러운 흐름을 방해하고, 적절한 무심함이더 나은 결과를 이끌어낸다. 결국 성공은 지나친 통제가 아닌, 자연스러운 흐름을 믿고 따르는 데서 시작되는 것인지도모른다.

19
불안함이 주는
단단함

불안함은 자연스러운 감정이다. 앞이 보이지 않고 익숙하지 않은 일을 할 때, 불안해하는 것은 당연하다. 이 불안함을 극복하는 최선의 방법은 고민하고, 궁리하고, 공부하는 것이다.

새 주제로 강의 요청을 받으면 나 역시 불안하다. 한 대기업에서 "자기성찰"이란 주제로 강의해달라고 했는데, 관심은 있었지만 한 번도 다뤄보지 않은 분야였다. 게다가 회장님까지 참석한다고 하니 더욱 불안해졌다.

일주일 동안 그 주제에 대해 끊임없이 고민했다. 예전에 읽었던 책을 다시 펼쳐보고, 컴퓨터에 저장된 관련 자료도 찾아봤다. 잠들기 전에도, 길을 걸을 때도 그 생각뿐이었다. 점차 강의의 흐름이 머릿속에 그려지기 시작했고, 평소에는 쓰지 않던 강의안도 준비했다.

그렇게 준비한 끝에, 최고의 강의를 할 수 있었다. 이후 자기성찰은 내 강의의 새로운 레퍼토리가 되었고, 나 역시 한 단계 성장할 수 있었다. 이것이 바로 불안이 가진 효용성이다.

불안함은 우리를 움츠러들게도 하지만, 동시에 성장의 기회를 제공한다. 불안함을 마주하고 직면할 때마다 새로운 깨달음을 얻고, 한층 더 단단해진다. 불안함을 두려워하기보다는 그것을 성장의 촉매로 바라보는 자세가 필요하다. 불안함 속에서 기회를 찾고, 그 기회를 발판 삼아 높이 도약하는 것, 그것이 불안함을 대하는 지혜로운 길이다.

당신이 지금 느끼는 불안함의 크기만큼 성장의 가능성도 크다는 것을 기억하라. 지금 이 순간, 그 불안함을 피하지 말고 정면으로 마주하며 다음 도약을 준비해보자.

20
모르기 때문에
강할 수 있다

애틀란타 유도 은메달리스트의 입에서 실제 들은 이야기다. 당시 일본 여자유도계엔 한 스타가 있었다. 48킬로급에서 '83연승'을 기록 중이던 다무라 료코. 그녀는 '야와라짱'이란 애칭으로 불리며 국민적 사랑을 받았다. 모든 기술을 완벽히 구사하는 무적의 선수였다.

다무라는 이 대회를 끝으로 은퇴할 예정이었다. 그런데 뜻밖의 일이 벌어졌다. 북한에서 온 16살 계순희에게 패배한 것이다. 어떻게 국제 경험이 전무한 중학생이 세계 최강자를 꺾을 수 있었을까?

비결은 단순했다. 계순희는 상대가 누군지 몰랐다. 유도는 기술 싸움 못지않게 심리전이 중요하다. 둘이 맞붙기 때문에 대부분 눈싸움에서 승패가 결정된다고 한다. 상대를 너무 잘 알면 오히려 위축되기 마련이다. 하지만 계순희는 달랐다. 첫 출전이라 아무것도 몰랐고, 그저 자신의 힘을 마음껏 뽐낸 것이다.

타고난 힘으로 무장한 그녀는 강호들을 연이어 제압했고, 결국 다무라마저 넘어뜨렸다. 서로를 모르는 상태에서 순수한 실력 대결이 펼쳐진 셈이다. 만약 계순희가 상대의 엄청난 내력을 알았더라면 어땠을까? "하룻강아지 범 무서운 줄 모른다"라는 속담이 있다. 이를 단순히 무지에 대한 비판이 아니라, 편견 없는 도전정신으로 해석하면 어떨까?

때론 모르는 것이 오히려 힘이 될 수 있다. 알지 못함이 만든 기적, 그것이 바로 계순희의 금메달이었다.

21
새로운 시선,
세상을 바꾸다

흔히 새의 눈으로 보라는 말을 한다. 사안에서 멀찌감치 떨어져 전체를 조망하라는 뜻이다. 하지만 이것만이 정답은 아니다. 때론 "곤충의 눈"으로 세상을 봐야 한다. 위에서 아래가 아닌, 아래에서 위를 올려다보는 시선이 필요하다.

20세기 초반, 킷캣은 영국을 대표하는 간식이었다. "잠깐의 휴식이 필요할 때, 킷캣과 함께"라는 슬로건으로 영국인들의 마음을 사로잡았다. 하지만 일본 시장에 진출하면서 예상치 못한 전환점을 맞이한다. 매년 12월부터 2월까지, 시험 기간에 맞춰 판매량이 폭발적으로 늘어난 것이다.

이 예상치 못한 판매량 급증의 비밀은 언어의 우연한 일

치에 있었다. '킷캣'이라는 발음이 일본어로 "반드시 이길 거야"(きっと勝つ/키토 카츠)와 비슷했던 것이다. 이 발음의 유사성 덕분에 킷캣은 입시생들 사이에서 합격을 부르는 부적 같은 존재가 되었다.

문제는 제품 광고 카피를 어떻게 할까였다. 영국에서처럼 "잠깐 쉬어 가세요"라고 광고하기는 적절하지 않았다. 일본에서 "잠깐 쉬는 시간"은 초콜릿을 먹는 게 아니라 음악을 듣거나 매니큐어를 바르는 시간이었기 때문이다.

그래서 그들은 전략을 바꿨다. "반드시 벚꽃이 필 거야"라는 문구를 넣기로 한다. 일본에서 벚꽃은 합격의 상징이기 때문이다. 시험장 근처 호텔과 협력해 이 문구가 적힌 엽서와 킷캣을 무료로 나눠줬다.

효과는 즉각적이었다. 킷캣은 행운의 부적 '오마모리'로 인식되기 시작했다. SNS에는 빨간 포장의 킷캣을 들고 신사에서 기도하는 수험생들의 사진이 넘쳐났고, 2014년엔 일본 전역에서 가장 많이 팔린 과자가 됐다. 글로벌 기업의 높은 관점에서가 아닌, 현지인의 눈높이로 시장을 이해한 결과였다.

혁신은 종종 기존 관점을 버릴 때 시작된다. 전문가의 시선이 아닌 초보자의 눈으로 보면 전혀 새로운 기회가 보인다. 때로는 무지가 새로운 지혜를 낳고, 통념을 벗어난 시선이 혁신을 만든다.

22
선두의 함정,
후발의 지혜

패스트팔로워 대신 선발주자가 되어야 한다는 목소리가 높다. 남의 뒤를 쫓지 말고 선두에 서라는 것이다. 일리 있는 말이지만, 그 안에 숨은 위험을 간과해선 안 된다. 한때 잘 나갔던 모 신문이 힘들어진 건 너무 앞서갔기 때문이다. 일찌감치 IT에 엄청난 돈을 투자했다. 조간과 석간을 동시에 냈는데 조간과 석간은 유통경로가 전혀 달랐다. 조간은 고학생들을 주로 활용했다. 석간을 찍어냈지만 이를 뿌릴 방법이 없었다. 3년간 엄청난 양의 신문을 버려야 했다. 골병이 들었다.

《스마트컷》의 저자 셰인 스노는 이런 위험을 구체적인 데이터로 보여준다. 선발주자의 47% 정도가 실패했으며, 5년 후에도 1위를 유지한 기업은 절반에 불과했다. 더욱 충격적인 것은 장기간 시장 우위를 지킨 선발주자가 11%에 그쳤다는 점이다. 개척자들은 기술과 시장의 불확실성으로 인해 최고의 기회를 놓치기 쉽고, 시장이 진화하면서 초기에 확보한 자원이 무용지물이 될 위험이 크다.

반면 빠른 후발주자는 무임승차의 혜택을 누린다. 선발주자가 피땀 흘려 닦아놓은 길을 따라가며 실패의 교훈을 얻는다. 이를 바탕으로 단점을 보완해 더 강한 경쟁자로 거듭난다. 팔로워가 늘 불리한 건 아니다. 선두의 시행착오를 적은 비용으로 배울 수 있는 이점이 있다. 혁신만이 답이라는 맹목적인 믿음을 경계해야 한다. 때로는 뒤따르는 것이 더 현명할 수 있다. 우리가 미처 보지 못한 관점, 그 안에 새로운 기회가 숨어 있을지 모른다.

23
소수의 고집이
세상의 표준이 되는 이유

　절대 양보 않는 소수와 유연한 다수가 충돌하면 어떻게 될까? 의외로 소수가 승리한다. 이런 상황을 떠올려보자. 코셔 식만 먹는 친구가 파티에 온다면? 그를 위해 코셔 음식(유대교의 식이 규정에 따라 준비된 음식으로, 식재료 선택부터 조리 과정까지 엄격한 기준을 적용한다)을 준비하게 된다. 왜? 일반인은 코셔를 먹을 수도 있지만, 유대인은 코셔만 고집하기 때문이다. 모든 음식을 코셔로 만드는 게 오히려 효율적이다.
　이 논리는 단순하다. 장애인은 일반 화장실을 못 쓰지만, 비장애인은 장애인 화장실을 쓸 수 있다. 땅콩 알레르기 환자는 땅콩 음식을 못 먹지만, 그 반대는 가능하다.
　소수의 영향력이 이렇게 강해지는 건 어떤 메커니즘 때문일까? 두 가지 핵심 요인이 있다.

첫째는 공존의 법칙이다. 타협을 모르는 소수가 다수와 한 공간에서 살 때 그들의 영향력은 기하급수적으로 커진다. 반면 그들이 격리되어 살면 아무리 강한 신념도 고립된 섬이 되고 만다.

둘째는 비용의 역학이다. 영국과 남아공의 할랄 육류 시장이 대표적이다. 무슬림은 소수지만, 기업들은 모든 육류를 할랄 방식으로 가공하는 게 더 효율적이라고 판단했다. 이런 현상을 물리학자 세르주 갈람은 '재규격화 그룹'renormalization group이라 불렀다. 마치 한 채식주의자가 가족을 변화시키고, 그 가족이 다시 이웃을 변화시키듯, 강한 신념이 전체 시스템을 바꾸는 현상이다.

이는 정치와 경영에도 똑같이 적용된다. 결집력 있는 소수의 목소리가 여론을 주도하고, 작은 스타트업의 혁신이 거대 기업을 바꾸는 식이다. 여기서 우리는 성공의 역설을 발견한다. 다수를 따르는 것보다, 때론 소수의 강한 신념이 더 큰 변화를 만든다. 불가능해 보이는 일도 타협하지 않는 고집이 새로운 판을 만들어내는 것이다.

24
의식하지 않는
습관이 구원한다

의지는 중요하지만, 의지만으로는 부족하다. 의지는 한계가 있고, 그 한계를 넘으면 폭발한다. 다이어트가 대표적인 예다. 무작정 참는 다이어트는 단기적으론 효과가 있지만, 결국 무너져 요요현상을 겪는다.

의지 대신 습관에 의지해야 한다. 운동이나 글쓰기를 의지로 불태우지 말고, 반복해 습관으로 만들어야 한다. 의식하지 않고도 행동하게 되는 것, 그게 진정한 변화다. 의지는 습관의 씨앗일 뿐, 그 씨앗이 자라 일상의 리추얼이 되어야 한다.

화이트헤드의 말을 되새겨보자. "하는 일에 대해 생각하는 습관을 버려라. 오히려 그 반대다. 문명은 생각 없이 행동할 때, 그런 순간이 많아질 때 진보했다."

모든 행동에 의지를 쓴다면 금세 지치고 말 것이다. 의지와 자기 규율은 한정된 자원이기 때문이다. 꼭 필요할 때만 써야 한다. 억지로 무언가를 하고 있는가? 그렇다면 위험하다. 의지 대신 습관에 기대라. 자기절제는 많은 에너지를 필요로 하고, 의지력엔 한계가 있다.

운동이 좋은 예다. 즐겨서 하는가 아니면 억지로 하는가? 대부분 후자일 것이다. 하지만 운동의 핵심은 꾸준함이다. 몰아서 하는 운동은 육체 학대에 불과하다. 건강을 해치는 지름길이다. 운동이 생명을 구하기도 하지만, 때론 앗아가기도 하는 이유다. 무리한 운동으로 목숨을 잃는 사례를 종종 듣는다.

결국 의지만으로는 한계가 있다. 오히려 자연스러운 습관이 우리를 더 멀리 데려간다. 의지는 변화의 시작점일 뿐, 진정한 도약은 무의식적 습관에서 온다. 생각하지 않아도 저절로 움직이는 몸, 의식하지 않아도 자연스레 따라오는 행동, 그것이 바로 우리가 궁극적으로 도달해야 할 진정한 경지다.

25
과거의 성공이
독이 되는 순간

길을 걷다 "의사 전원 서울대 출신"이란 간판을 본다. 연대, 고대도 마찬가지다. 이런 광고를 보면 무슨 생각이 드는가? "저 병원, 내세울 게 학벌뿐이구나. 실력이나 경험, 환자 치료 결과 같은 진짜 중요한 걸 내세우지 못하니 낡은 타이틀로 포장하는구나."

명함에 무슨 학위를 잔뜩 늘어놓은 사람도 비슷하다. 왜 작은 명함을 그토록 복잡하게 만들까? 현재의 성과나 실력으로 인정받지 못하니 과거의 학위로 허세를 부리는 건 아닐까?

한 명사는 서울대 졸업식에서 이런 말을 했다. "먼 훗날 당신이 진정으로 대단한 사람이 되면, 서울대 졸업장은 아무 의미 없을 것이다. 내세울 게 너무 많아서다. 하지만 성장하지 못한다면, 서울대 졸업장이 유일한 자랑거리로 남게 될 것이다."

여전히 학벌을 자랑하는가? 스카이 대학 나온 게 그렇게 뿌듯한가? 그렇다면 당신은 현재가 아닌 과거에 갇혀 사는 것이다. 수십 년 전 좋은 대학 다닌 게 유일한 자랑거리라면, 그건 꽤나 초라한 성장 궤적이 아닐까?

진정한 고수는 과거의 영광에 의지하지 않는다. 학벌이라는 허상을 내세울수록 현재의 공허함만 더 도드라진다. 역설적이게도 학벌을 잊을 때, 과거의 성공을 내려놓을 때 당신의 진짜 실력이 빛나기 시작한다. 이것이 바로 성장의 아이러니다.

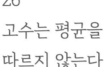

26
고수는 평균을
따르지 않는다

남들은 봄꽃 구경, 가을 단풍놀이를 즐기지만, 난 그런 적이 없다. 앞으로도 갈 생각이 없다. 사람 많고 길 막히는 걸 극도로 싫어해서다. 모든 국민이 가봤다는 대전 엑스포, 여수 엑스포도 가지 않았다. 그렇게까지 하면서 구경하고 싶지 않았다.

어머니는 내 성향을 못마땅해하셨다. 나를 유난스럽다고 여기셨다. "남들 다 가는데, 넌 왜 안 가니?"라고 자주 하셨다. 제발 주말에 어디 좀 놀러 가라고 종용하셨다. 난 속으로 이렇게 생각했다. '남들이 간다고 꼭 가야 하나요? 전 집에서 조용히 있는 게 더 좋아요.'

사람은 제각각이다. 평균으로 모두를 재단할 순 없다. 남이 좋아한다고 내가 꼭 좋아해야 할 필요는 없다. 나는 그저 나일 뿐이다. 남에게 내 취향을 강요하고 싶지 않듯, 강요받는 것도 싫다. 강요는 오히려 반발심만 키운다.

평균이란 존재하지 않는다. 1940년대 말, 전투기 사고가 늘자 조종사들의 평균 신체를 측정해 좌석을 재설계하려 했다. 그런데 놀랍게도 평균에 딱 맞는 조종사가 한 명도 없었다. 그래서 나온 게 조절 가능한 좌석이다.

평균은 수치상으론 있을지 몰라도 현실에서는 찾아볼 수 없다. 평균은 그럴듯해 보이지만 실제론 의미가 없다. 정규분포에서 나온 개념일 뿐이다. 워렌 버핏과 함께 오늘날의 버크셔를 만든 찰리 멍거도 평균을 거부했다. 그는 "대중을 따라 하는 건 평균으로 후퇴하는 것"이라 말했다. 결국, 평균을 거부할 때 개성이 빛난다. 남들과 다름을 두려워하지 말자. 그 차이야말로 당신만의 특별한 무기가 될 수 있다. 고수는 평균을 따르지 않는다. 평균에서 벗어날 때 비로소 탁월함이 시작된다.

27
모두 특별하다는 것은
아무도 특별하지 않다는 말이다

우리는 모두 자신이 특별하다고 믿고 싶어 한다. 부모의 눈에 자식은 모두 천재처럼 보이고, 스스로도 특별한 존재라 여기며 그에 걸맞은 대우를 바란다. 하지만 정말 모두가 그토록 특별할까?

사실 살면서 힘든 이유 중 하나는 바로 이 '특별함'에 대한 과도한 믿음 때문이다. 내가 이토록 뛰어난데 왜 이렇게 힘든 삶을 살아야 하는지 끊임없이 자문하며 스스로 괴롭힌다. 하지만 정말 우리가 그토록 특별한지 물어보자. 나는 정말 남다르게 똑똑하고 재능이 있는가? 만약 그렇다면 그에 대한 증거를 대보라.

모두가 특별하다는 것은 아무도 특별하지 않다는 말과 다를 바 없다. 우리 모두가 위대해질 수 있다는 말은 듣기엔 달콤하지만, 실상은 영양가 없는 사탕발림에 불과하다. 그런 말에 현혹되어선 안 된다. 우리 대부분은 평범한 보통 사람일 뿐이다.

자신의 평범함을 인정하고 받아들이는 순간, 우리는 어떤 평가나 기대에서도 자유로워질 수 있다. 그래야만 진정 원하는 바를 이룰 수 있다. 역설적이게도 자존감 높은 사람일수록 자신의 부정적인 면모를 잘 알고 있다. 자신의 불완전함을 정직하게 마주하고 인정하는 것, 이를테면 재정 관리에 허술하고 남의 인정에 목매며 때로는 지나치게 타인에게 의존한다는 사실을 있는 그대로 받아들이는 용기야말로 진정한 특별함의 시작일지 모른다

특별해지려 애쓰는 순간 오히려 평범해지고, 평범함을 받아들이는 순간 특별해진다. 이것이 인생의 역설이다. 우리는 모두 완벽하지 않고 결함이 있는 존재다. 하지만 바로 그 불완전함을 인정하고 받아들일 때, 비로소 자신만의 고유한 빛을 발할 수 있다. 특별해지려 노력하지 않아도, 그저 있는 그대로의 자신을 받아들일 때 우리는 저마다의 방식으로 특별해질 수 있다.

28
동기는 '부여'할 수 없다

인간은 누구나 내면에 고유한 동기를 품고 있다. 그것은 마치 각자의 DNA처럼 독특하고 개성적이다. 하지만 학창 시절을 거쳐 직장생활을 하고 나이를 먹으면서, 그 동기는 종종 희미해지거나 사라지곤 한다. 중요한 점은 동기란 누군가가 '부여'하는 것이 아니라는 사실이다. 동기는 스스로 찾아내는 것이다.

'동기부여'라는 단어에는 어딘가 권위적인 뉘앙스가 숨어 있다. 마치 상급자가 동기를 주고, 하급자는 그것을 받아들이는 것처럼 들린다. 하지만 이는 본질을 오해한 것이다. 진정한 동기는 남이 주는 것이 아니라, 각자가 스스로 발견하고 키워나가는 것이기 때문이다.

리더의 진정한 역할은 직접적으로 동기를 부여하는 것이 아니다. 오히려 구성원들이 자신만의 고유한 동기를 찾아낼 수 있는 환경을 만들고, 그들이 그 동기를 따라 성장할 수 있도록 지원하는 것이 핵심이다. "우리 회사에는 비전이 없다", "상사가 동기부여를 해주지 않는다"라고 불평하는 이들은 근본적으로 잘못된 관점을 가지고 있다. 동기는 '받는' 것이 아니라 '찾는' 것이기 때문이다.

결국 가장 중요한 것은 우리 각자를 움직이는 근본적인 동기가 무엇인지 스스로에게 끊임없이 물어보는 것이다. 왜 이일을 하는가? 무엇이 나를 아침에 일어나게 하는가? 어떤 순간에 가장 큰 만족감을 느끼는가? 이런 질문들에 대한 답을 찾아가는 여정이야말로 진정한 동기를 발견하는 길이다. 그답은 오직 당신만이 찾을 수 있다.

29
아는 만큼
의심하라

"무식하면 용감하다"는 다소 거친 말, 실은 학문적으로 증명된 사실이다. 더닝 크루거 효과Dunning–Kruger effect가 바로 그것이다. 어떤 주제에 대한 경험과 지식을 x축으로, 확신의 정도를 y축으로 그래프를 그려보면 흥미로운 결과가 나타난다.

초보자 단계에서는 확신의 정도가 비정상적으로 높다. 그러나 지식이 쌓이고 경험이 늘어날수록 이 확신은 급격히 떨어진다. 준전문가 수준에 이르면 오히려 자신감이 최저점을 찍는다. 이후 전문성이 깊어지면서 확신은 다시 조금씩 회복되지만, 그 수준은 초기의 맹목적 자신감과는 완전히 다른 성질의 것이다.

동서양의 지혜는 이미 오래전부터 이 현상을 꿰뚫어보고 있었다. "빈 수레가 요란하다"는 속담이나, 공자의 "불학즉고"(不學則固: 배우지 않으면 고집스러워진다)라는 가르침이 이를 증명한다. 지식과 경험이 부족할수록 오히려 자신의 견해에 더 강한 확신을 갖게 된다는 통찰이다.

여기서 우리는 중요한 교훈을 얻는다. 진정한 전문성은 맹목적 확신이 아닌, 겸손한 의심에서 시작된다는 것이다. 더 많이 알수록 더 신중해지고, 더 깊이 이해할수록 더 조심스러워지는 것이 지식의 본질이다. 따라서 누군가의 의견을 맹목적으로 믿기보다는, 그 사람이 가진 '의심의 깊이'를 살피는 것이 현명하다. 확신에 찬 목소리 뒤에는 종종 얕은 이해가 숨어 있기 때문이다.

결국 진정한 통찰은 "아는 것이 많을수록 더 모르는 것이 많다"는 역설적 깨달음에서 온다. 이것이야말로 우리가 끊임없이 배우고 성장해야 하는 근본적인 이유다.

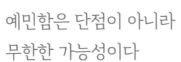

30
예민함은 단점이 아니라
무한한 가능성이다

"너 참 예민하다"라는 말, 욕일까 칭찬일까? 보통은 까다롭다는 말과 동의어처럼 여겨 피곤한 사람을 떠올리게 한다. 나 역시 잠자리나 조명, 소음에 예민한 편이다. 누구나 어떤 부분에선 예민하지만, 대개는 티 내기를 꺼린다. 괜히 까탈스럽다는 소리를 들을까 봐서다. 하지만 《예민함의 힘》이란 책을 읽고 생각이 바뀌었다. "당신의 예민함을 감추려 애쓰지 마라. 예민하고 섬세한 당신은 남들보다 먼저 중요한 것을 발견할 수 있는 특별한 사람이다."

《매우 예민한 사람을 위한 책》(전홍진 지음, 글항아리)은 여기서 한 발 더 나아가 예민함을 예찬한다. 예민함 자체가 경쟁력이라는 거다. 예민함 지표 중 몇 가지를 보자.

배우자가 한 사소한 말에도 쉽게 화가 난다. 사람이 많은 곳에 가면 답답하다. 층간소음에 민감하다. 밤에 잠이 오지 않아 다음 날 힘들 때가 많다. 다른 사람에게 폐를 끼치지 않는지 항상 걱정한다. 다른 사람에게 싫은 소리를 못한다. 먼 미래의 일까지 미리 앞당겨 걱정한다. 큰 병이 있지 않을까 불안해한다. 소심하다는 얘기를 자주 듣는다. 문단속, 가스 불을 여러 번 확인한다. 항상 긴장 속에 산다. 감정 기복이 심하다. 걱정이 꼬리에 꼬리를 물고 일어난다. 자신이 싫어하는 사람이 있는 상황을 견디지 못한다. 권위적인 사람과 함께 있는 것이 불편하다. 가족이 늦게 들어오면 사고가 난 것 같아 불안하다.

유명 인사 중에는 예민함을 잘 활용해 성공한 이들이 많다. 스티브 잡스가 대표적이다. 그에게는 환 공포증이 있었다. 버튼에 대한 공포증이다. 잡스는 미혼모의 아들로, 어릴 때 자신을 거부한 것에 대한 분노와 두려움이 모성을 상징하는 둥근 모양에 대한 공포로 나타났다. 아이폰 등장 이전에 가장 인기 있었던 블랙베리폰에는 버튼이 수두룩했는데, 그는 이 버튼을 없애고 터치식으로 바꿔 스마트폰에 대혁명을 일으켰다. 예민함의 승리였다.

윈스턴 처칠 또한 마찬가지다. 그는 우울증을 '검은 개'라

불렀고, "지옥을 통과 중이라면 멈추지 말고 계속 가라"는 명언을 남겼다. 우울증이 닥칠 때마다 글쓰기와 그림 그리기로 극복해냈다. 우울함이 그를 깊은 사색으로 이끌고 글을 쓰게 만든 것이다. 내가 아는 사업가 중에도 예민한 이들이 많은데, 그 예민함이 그들을 오너로 만들지 않았나 싶다.

그렇다. 예민함은 결코 약점이 아니다. 오히려 그것은 우리 안에 숨어 있는 무한한 잠재력의 싹이다. 중요한 것은 그 예민함을 어떻게 받아들이고 활용하느냐다. 자신의 예민함을 부끄러워하거나 숨기려 들기보다는, 그것을 긍정적인 에너지로 승화시키는 지혜가 필요하다. 그 안에 당신만의 특별한 재능과 가능성이 숨어 있을지 모른다.

3부

역발상의 힘,
삶을
혁신하다

Insight

습관적으로 하는 일의 30%를 과감히
없애라 새로운 일을 정리하라. 가짜 일과 진짜
불필요한 일을 구분하고, 습관적으로 하던 일들을
재점검하라. 정리할 일을 4가지로 분류
해보자. '하지 않아야 할 일', '하지 않아

1
규제와 제한이 만드는
또 다른 기회

변호사, 공인중계사, 세무사, 변리사, 의사, 약사. … 이들의 공통점은? 면허증이 밥줄이다. 면허가 없으면 일을 못 한다는 법 덕분에 먹고산다. 만약 누구나 이 일을 할 수 있다면 경쟁은 치열해지고 가격은 떨어지고 시장은 혼란스러워질 것이다.

흔히들 규제 때문에 사업이 힘들다고 불평한다. 하지만 실상은 다르다. 규제 덕분에 먹고사는 이들이 많다. 규제가 사업의 걸림돌이 아닌, 밥줄이 되는 역설이다. 하지만 언론은 규제를 마치 국가발전의 원흉처럼 그려 부정적 인식을 심어왔다. 김은환의 《기업과 정의》는 이와 관련해서 새로운 시각을 제시한다.

법을 어떻게 하면 제대로 활용할 것인가? 법적인 한계를 효과적으로 극복한다면 도리어 경쟁우위를 확보할 기회를 얻는다. 곰을 만났을 때 곰보다 빨리 뛸 필요는 없고 옆 사람보다 빨리 뛰면 된다. 법을 준수하느라 비용이 증가해도 경쟁 기업보다 그 충격을 잘 감당할 수 있다면 경쟁력이 높아지는 것이다. 반면 업계 리더로서 규제에 맞서는 건 역효과를 낳는다.

결국, 규제를 장애물이 아닌 기회로 봐야 한다. 이것이 통념에 저항하는 새로운 시각이다. 규제의 틀 안에서 창의성을 발휘하라. 제한이 오히려 혁신을 낳을 수 있다. 규제를 탓하지 말고 활용하라. 그 속에서 새로운 비즈니스 모델을 찾아내라. 규제는 양날의 검이다. 어떻게 바라보고 다루느냐에 따라 족쇄가 될 수도, 날개가 될 수도 있다. 규제의 역설을 이해하고 활용하는 자, 그가 바로 미래의 승자가 될 것이다.

2
혁신은 불평등에서
일어난다

사람은 누구나 평등할까? 과연 그럴까? 이는 이론적 이상이자 희망의 표현일 뿐이다.

사람은 평등할지 몰라도, 그들이 만들어내는 결과까지 평등할 수는 없다. 요리사들은 모두 평등하지만, 그들이 만드는 음식의 맛은 천차만별이다. 어떤 식당은 문전성시를 이루고, 다른 곳은 파리만 날리는 이유가 어디에 있을까? 이런 차이를 무시하고 모든 음식점을 동등하게 취급해야 한다고 생각하지는 않을 것이다.

결과의 차이는 피할 수 없는 현실이다. 하지만 이런 차이가 오히려 혁신을 만들어낸다. 누군가의 성공은 다른 이에게 자극이 되고, 실패의 쓴맛은 더 나은 도전의 밑거름이 된다.

모두가 같은 결과를 내는 완벽한 평등보다, 차이를 받아들이고 그 속에서 기회를 발견하는 것이 혁신의 시작이다.

이는 실리콘밸리의 성공 사례에서도 잘 드러난다. 수많은 스타트업이 실패하는 와중에 단 몇 개의 기업만이 폭발적인 성장을 이룬다. 이런 극단적인 결과의 차이가 오히려 더 많은 도전과 혁신을 이끌어낸다. 성공한 기업의 사례는 새로운 도전자들에게 영감을 주고, 실패한 기업의 경험은 소중한 교훈이 된다. 결과의 불평등은 더 나은 혁신을 위한 촉매제 역할을 하는 것이다.

우리가 진정 추구해야 할 것은 결과가 아닌 기회의 평등이다. 서로 다른 재능과 노력이 만드는 차이를 인정하고, 각자의 방식으로 성장할 수 있는 환경을 만드는 것. 역설적이게도 이런 불평등의 힘을 이해할 때, 우리는 더 혁신적인 미래로 나아갈 수 있다.

3
성과급이 낳은
저성과의 역설

성과급이 실제로 성과를 높일까? 의외로 그렇지 않을 수 있다. 계산대 직원들은 능력 있는 동료가 지켜볼 때만 속도를 내고, 그렇지 않을 때는 느긋해진다. 이는 객관적 성과 측정에 과도하게 의존하는 것이 항상 최선은 아님을 보여준다.

그리고 성과는 조작이 가능하다. 장대높이뛰기의 전설 부브카는 이를 교묘히 활용했다. 기록을 갱신할 때마다 보너스를 받는 시스템에서 그는 자신의 한계를 한 번에 뛰어넘지 않았다. 대신 조금씩 기록을 경신하며 보상을 극대화했다. 성과급 덕에 수많은 세계 기록을 세웠지만, 역설적으로 관중들은 그의 진정한 최고 기량을 보지 못했을 가능성이 크다.

이처럼 성과급 제도는 의도치 않은 결과를 낳는다. 측정하기 쉬운 것만 중요해지고, 정작 중요하지만 측정하기 어려운 가치들은 뒤로 밀린다. 협력, 혁신, 장기적 성장 같은 무형의 가치들이 그렇다. 수치화된 성과에 집중하다 보면, 조직의 진정한 잠재력과 창의성은 오히려 억압될 수 있다.

결국 성과 평가 시스템은 더 포괄적이고 유연해져야 한다. 단기적 수치를 넘어 장기적 발전과 팀워크를 고려해야 하고, 외재적 보상 못지않게 내재적 동기부여의 힘을 인정해야 한다. 수치와 보상을 넘어선 곳에서 진정한 혁신이 시작된다. 때로는 성과급이라는 익숙한 방식을 내려놓을 때, 우리는 더 큰 창의성과 잠재력을 발견하게 된다. 이것이야말로 성과 관리의 새로운 패러다임이다.

이제는 새로운 실험이 필요한 때다. 가령, 성과급 대신 자율적 목표 설정을, 수치화된 평가 대신 동료 피드백을 시도해 볼 수 있다. 구성원들이 스스로 가치를 발견하고 도전하게 만드는 것, 그것이 진정한 혁신의 시작점이 될 것이다.

4
중심이 꼭 있어야 할까?

　　빌바오 구겐하임 미술관은 우리의 고정관념을 완전히 뒤흔든다. 이 혁신적인 건축물은 전통적 건물들이 가진 '중심'이라는 개념을 과감히 거부한다. 앞뒤도, 좌우도 명확히 구분할 수 없고, 중심과 주변의 경계마저 흐릿하다. 하지만 역설적으로 이 무질서해 보이는 구조가 미술관에 더 큰 견고함과 생명력을 부여한다.

　　이런 구조의 비밀을 이해하기 위해서는 식물학의 통찰이 필요하다. 식물은 크게 두 가지 구조로 나뉜다. 하나는 수목형 arborescent으로, 우리가 흔히 아는 나무들처럼 뿌리와 줄기가 위계적 질서를 이룬다. 다른 하나는 리좀형 rhizomatic으로, 감자, 고구마, 대나무, 잔디처럼 수평적으로 뻗어나가는 구조다.

리좀형 구조의 매력은 그 유연성에 있다. 위계가 없고 수평적이며, 시작과 끝의 구분이 모호하다. 끊임없이 새로운 관계가 만들어지는 과정 자체가 이 구조의 본질이다. 더 놀라운 점은 어디든 새로운 중심이 될 수 있고, 일부 손상되더라도 전체는 끄떡없이 생존한다는 것이다.

구겐하임 미술관은 바로 이 리좀형 구조의 철학을 건축으로 승화시켰다. 중심의 부재가 오히려 무한한 연결 가능성을 만들어내고, 놀라운 생존력을 부여한다. 외견상 완성된 건물이지만 끊임없는 확장의 여지를 품고 있으며, 이질적 요소들도 자연스럽게 받아들이는 포용력을 가졌다.

이러한 구조는 현대 사회의 복잡다단한 특성을 반영한다. 전통적인 중앙 집중식 구조는 그 중심이 흔들리면 전체가 무너지지만, 리좀형 구조는 이런 취약점에서 자유롭다. 중심의 상실이 오히려 더 큰 안정성을 가져다준다.

이는 단순히 건축물에만 국한되지 않는다. 조직 구조, 사회 시스템, 심지어 개인의 사고방식에도 적용될 수 있는 강력한 통찰이다.

《예술과 경제를 움직이는 다섯 가지 힘》의 저자 김형태가 제시한 이 관점은, 우리에게 중요한 질문을 던진다. 때로는 중심의 부재가 더 큰 가능성을 열어주지 않을까?

5
금지가 만드는 자유

　　금지를 뚫고 맺어진 결혼일수록 이혼율이 높다. 역설적이게도, 금지된 사랑이 사라지면 관계도 흔들린다. 이는 개인뿐 아니라 문화에도 적용된다. 엄격한 사회일수록 하위문화는 더욱 강렬해진다. 독일과 일본의 하드코어 문화가 그토록 극단적인 이유다.

　　진짜 문제는 금지가 일상이 될 때 시작된다. 처음엔 분노하던 사람들이 점차 금지에 익숙해진다. 결국 외부의 금지 없이도 스스로 제한하는 '학습된 무기력'에 빠진다. 금지를 내면화하고 체념하는 것만큼 위험한 병은 없다.

　　금지의 본질을 묻는 것부터 시작해야 한다. 우리는 왜 금지하고, 무엇을 금지하는가? 한국과 일본처럼 '하지 말아야 할 것'에 초점을 맞추는 사회와, 미국처럼 '해도 되는 것'을 강조하는 사회는 근본적으로 다른 방향을 향한다. 금지는 때로 필요하지만, 그것이 당연한 관습이 되는 순간 위험해진다.

진정으로 성숙한 사회는 금지의 이유를 끊임없이 묻고 토론한다. 겉으로 보기에 평화롭고 안정된 사회가 오히려 위험할 수 있다. 일본의 사례가 이를 잘 보여준다. 금지에 대한 의문조차 제기하지 못하고, 모든 구성원이 침묵으로 동의하는 순간, 그 사회는 이미 생명력을 잃은 것이다.

역설적으로, 금지는 혁신의 씨앗이 될 수 있다. 금지된 것을 뛰어넘으려는 도전이 창의성을 자극하기 때문이다. 하지만 금지를 맹목적으로 받아들이는 순간, 우리는 그 씨앗을 묻어버리고 만다. 진정한 혁신은 금지에 대한 끊임없는 도전과 질문에서 시작된다.

6
법 없이 살 수 있다는 착각

"난 법 없이도 살 수 있어." 이런 말을 하는 지인들이 있다. 하지만 동의하기 쉽지 않다. 그들은 단지 기회가 없어서 잠자코 있을 뿐이다. 돈이 된다면 무슨 짓이라도 할 사람들이다. 착한 사람인지, 법 없이 살 수 있는지는 쉽게 판단할 수 없다. 상황과 맥락이 중요하다. 아무도 보지 않는 곳이고 CCTV도 없는데 현금 수송 트럭에서 돈다발이 날린다면? 솔직히 난 주울 것 같다.

서양의 몇몇 실험은 이를 증명한다. 영국의 한 실험에서 가구를 사지도 않은 사람들에게 10파운드 환급금을 보냈다. 그중 절반은 아무 말 없이 받았다. ATM에서 저절로 10달러가 나오게 했더니 3분의 2가 그냥 가져간 경우도 있었다. 심지어 20번이나 그 일을 반복한 사람도 있었다. 과다 거스름 돈을 내준 실험에서는 모든 손님이 그냥 받아갔다. 하지만 작은 가게에서는 비슷한 실험을 했을 때 절반이 돌려주었다. 이는 무엇을 의미할까?

이 실험들이 보여주는 건 단순하다. 우리는 얼굴이 보이는 관계에선 정직하려 노력하지만, 시스템을 상대로는 쉽게 양심을 저버린다. 실제로는 모든 사람이 기회만 주어진다면 유혹에 넘어갈 준비가 되어 있다. 우리가 아직 '착한 사람'으로 남아 있는 건, 단지 결정적인 유혹의 순간을 마주치지 않았기 때문일 뿐이다.

평소의 도덕성이란 어쩌면 우리가 만든 환상일지 모른다. 우리는 모두 유혹 앞에서 흔들리는 존재다. 그러나 이런 불완전함을 직시하는 것에서 혁신이 시작된다. 인간의 본성을 부정하거나 이상화하는 대신, 있는 그대로 받아들이고 이를 바탕으로 더 나은 시스템을 설계하는 것. 흔들리는 인간의 본성을 인정하되 이를 보완할 제도적 장치를 만드는 것, 그것이야말로 가장 혁신적인 해결책이다.

7
소통을 줄여
성공을 키운 아마존

기업의 성장이 혁신의 속도를 늦추는 것은 일반적인 현상이다. 조직이 커질수록 부서 간 의존성이 높아져 독자적인 업무 수행이 어려워진다. 마치 2인3각 경기처럼 조율할 일이 늘어나고, 시간은 더 걸리고, 타 부서 협조 없이는 진도를 나갈 수 없다.

아마존의 베조스는 이 문제에 대해 통념을 뒤집는 해법을 제시했다. 그는 소통을 개선하는 대신, 아예 의사소통이 '필요 없는' 시스템을 구축하자고 제안했다. 모든 시스템과 서비스에 명확한 응용프로그램 인터페이스API를 구축하고 문서화하여, 사람 간 소통보다는 기계를 통한 느슨한 결합을 만들어낸 것이다. 이를 통해 각 소규모 팀이 자율적이고 신속하게 움직일 수 있게 했다.

아마존의 또 다른 혁신적 해결책은 '싱글 스레드 리더' 개념이다. 한 번에 한 가지 일만 처리한다는 뜻이다. 일반적으로 임원이 새로운 혁신 과제를 맡으면 기존 업무에 그것을 추가한다. 하지만 이는 효과적이지 않다. 집중력이 분산되고 몰입도가 떨어지기 때문이다.

무언가를 성공적으로 만들어내려면 그 일에 전념해야 한다. FBAFulfillment by Amazon 사례가 이를 잘 보여준다. FBA는 아마존 판매업체들의 물류를 대신 처리해주는 혁신적인 시스템이지만 처음 1년간은 진전이 없었다.

아마존은 이 문제를 '싱글 스레드 리더'로 해결했다. 한 임원에게 '다른 모든 책임'을 면제하고 FBA에만 전념하게 했다. 그 결과, FBA는 1년 만에 론칭되어 큰 성공을 거두었다.

이는 기존의 상식을 완전히 뒤집는 접근이다. 소통을 늘리는 게 아니라 줄이고, 업무를 더하는 게 아니라 덜어내는 방식으로 혁신을 이룬 것이다. 아마존은 의사소통의 필요성을 최소화하면서도 업무 효율성을 극대화하는 역설적인 해법을 찾아냈다. 더 적은 소통이 더 큰 성과를, 더 적은 업무가 더 빠른 혁신을 만들어내는 것이다. 우리에게도 조직 운영에 대한 새로운 시각을 제시한다.

8
정주영 회장은
무대뽀가 아니다

흔히 정주영 회장을 "이봐, 해봤어?"로 귀결되는 무모한 추진력의 상징으로 기억한다. 하지만 이는 그의 진면목을 제대로 보지 못한 오해다. 그의 리더십은 단순한 막무가내가 아닌, 끊임없는 질문과 섬세한 인도가 특징이었다.

정주영은 질문의 귀재였다. "그건 왜 그렇지? 이렇게 하면 어떨까?"라는 그의 물음은 단순한 호기심이 아닌, 깊은 통찰과 혁신의 씨앗이었다. 이 질문들은 머리가 아닌 가슴에서 우러나와 직원들의 진정한 고민과 창의성을 끌어냈다.

그의 리더십은 또한 선명한 대비를 보인다. 책상물림 임원들에겐 엄격한 호랑이였지만, 현장 기술자들에겐 극진한 대우를 아끼지 않았다. 이는 단순한 성격의 문제가 아니었다.

밑바닥에서 시작해 기업을 일군 그는 기술의 중요성과 어려움을 누구보다 깊이 이해했다. 이런 경험에서 우러나온 실천적 지혜가 그의 리더십을 형성했다.

겉으로 보기에 무모해 보이는 도전정신과 내면의 섬세한 통찰력. 이 모순된 특성이 만나 시너지를 이룰 때 진정한 혁신이 일어난다. 정주영의 리더십은 바로 이런 역설의 힘을 보여준다.

정주영의 리더십이 우리에게 던지는 교훈은 분명하다. 무모해 보이는 도전의 이면에는 반드시 치밀한 준비와 깊은 통찰이 있어야 한다는 것이다. 만약 그가 단순한 배짱만으로 일을 추진했다면, 수많은 '불가능'을 '가능'으로 바꾸지 못했을 것이다. 우연한 성공이 아닌 지속적인 혁신을 이루려면, 대담한 꿈과 섬세한 현실 감각이 균형을 이뤄야 한다. 여기에 진정한 혁신의 비밀이 숨어 있다.

9
파워포인트를
꼭 써야 할까?

20년간 연 200회 이상 강의하면서 파워포인트 자료를 요구받을 때마다 난감하다. 난 파워포인트를 쓰지 않기 때문이다.

파워포인트는 내게 파워도, 포인트도 없는 그저 그런 도구다. 오히려 내 생각을 구속하고, 강사가 아닌 파워포인트가 강의의 주인공이 된다는 느낌도 받는다. 청중이 나와 눈을 마주치지 않고 화면만 보는 것도 마음에 들지 않는다.

아마존의 제프 베조스도 같은 생각이었다. 그는 파워포인트 대신 6페이지 분량의 워드 문서를 회의 자료로 채택했다. 20분간 이를 읽고 토론하는 방식이다. 이게 아마존 성공의 한 요인이 아닐까 생각한다.

사실 파워포인트 장표는 만들기 쉽다. 어설프게 알아도 잘 포장하면 그럴 듯하다. 반면 6페이지 글쓰기는 진정한 이해와 논리를 요구한다. 아마존 출신의 한 전문가에 의하면, 실제로 파워포인트 기반의 회의에는 여러 한계가 있다. 논리가 단편적이고 발표자의 스킬이나 시각적 효과에만 현혹되기 쉽다. 다음 슬라이드의 내용을 궁금해하며 질문하느라 시간을 낭비하고, 끝나고 나면 정작 기억에 남는 것이 없다.

　아마존은 이런 문제를 해결하기 위해 과감한 선택을 했다. 발표 기술보다는 아이디어의 본질이 중요하다고 생각해 파워포인트 대신 6페이지 분량의 내러티브 문서 작성 프로세스를 도입했다. 문서는 논리적 흐름을 자연스럽게 담아낼 수 있고, 더 풍부한 맥락과 정보를 전달한다.

　진정한 생산성 향상을 위해서는 도구에 의존하지 않는 용기가 필요하다. 파워포인트라는 편리함을 버리고 자신의 생각을 글로 표현하는 것, 그리고 이를 함께 읽고 토론하는 방식이 오히려 더 혁신적인 결과를 만들어낼 수 있다. 이것이야말로 개인과 조직 모두에게 주어진 새로운 도전이다.

10
행복한 나라의 불행,
불행한 나라의 행복

　젊은이들 사이에서 한국을 싫어하고 혐오하는 비중이 높아지고 있다는 얘기를 듣는다. 과연 한국이 그렇게 살기 힘든 곳일까?

　그럼 미국은 어떨까? LA에 사는 딸의 이야기를 들어보면 미국 역시 만만치 않다. 애가 둘인데 애 봐줄 사람을 구하는 건 거의 불가능할 정도로 비싸고, 통학버스나 급식 같은 기본적인 지원도 없다. 매일 아이들 데려다주고, 도시락 싸주는 게 큰일이다. 아래층에 사는 사람이 대마초를 피우는데 독한 냄새 때문에 이사를 해야만 했다. 그곳에서는 불법이 아니기 때문에 제재할 방법이 없다. 포장이사가 불가능한 것도 문제였다. 한국에서처럼 포장이사를 하려면 대여섯 배의 돈을 지불해야 한다. 이삿짐센터에서 하는 일은 박스 갖다주고 짐 옮겨주는 것뿐이다. 그리고 소파를 하나 샀는데 배달에 두 달 반이 걸렸다고 한다. 한국의 편리함이 그리워질 만하다.

복지국가의 상징인 스웨덴의 현실을 보자. 차량 유지비와 세금이 너무 높아 대중교통만 이용하고, 승진과 연봉 인상도 세금 부담 때문에 거절하는 게 일상이다. 월 100만 원에 달하는 주택 임대료에 외식은 엄두도 못 내고, 감기 같은 가벼운 증상으로는 병원 진료조차 받기 어렵다. TV에서는 도박 광고가 넘쳐나고, 대기업들의 무세금 재산 상속 뉴스가 보도된다. 의료 시설은 더 심각하다. 자궁 적출 수술 후 하루 만에 퇴원해야 하고, 근처 병원에 병실이 없어 5시간이나 걸리는 곳까지 가야 한다. 인구 1,000명당 병상 수는 고작 2.1개로, 한국의 12.4개는 물론 OECD 평균 4.7개에도 크게 못 미친다(박지우 지음,《행복한 나라의 불행한 사람들》 참고).

모든 나라는 저마다의 그늘이 있다. 한국을 헬조선이라 부르며 무조건 비하하는 것은 현실을 제대로 보지 못하는 태도다. 어떤 나라든 장단점이 있고, 각자의 불편함을 안고 살아간다. 우리가 가진 것의 가치를 알고, 부족한 것을 채워나갈 때 진짜 업그레이드가 시작된다.

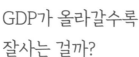

11
GDP가 올라갈수록
잘사는 걸까?

우리는 왜 GDP에 집착할까? 국내총생산, 즉 GDP는 단순히 1년간 거래된 재화와 서비스의 총액에 불과하다. 삶의 질 향상과 경제성장은 분명 GDP를 높이지만, 역설적으로 국민과 환경에 해로운 일도 GDP를 끌어올린다.

역설적인 상황들을 보자. 열대 우림이 불법으로 파괴되고 생태계는 무너지지만 GDP는 오른다. 교통사고로 인한 의료비와 수리비는 GDP를 높이고, 환경오염이 가져온 질병으로 인한 의료비 지출도 GDP 성장에 기여한다. 우리는 이런 모순을 알면서도, GDP라는 숫자가 올라가면 무조건 좋은 것처럼 환호한다. 그 성장의 이면에 무엇이 있는지는 제대로 보려 하지 않는다.

GDP의 맹점은 더 있다. 자원봉사나 가사노동처럼 돈이 오가지 않는 가치 있는 활동은 GDP에 반영되지 않는다. 반면 도박이나 투기처럼 사회에 해로운 활동도 거래 금액이 크다면 GDP를 크게 높인다. 결국 GDP는 경제활동의 양만 측정할 뿐, 그 질은 고려하지 않는 것이다.

우리 사회가 올바른 방향으로 나아가고 있는지, GDP만으로는 알 수 없다. 진정한 발전은 숫자 너머에 있다. 환경의 지속가능성, 사회의 형평성, 국민의 행복 지수 등 다양한 요소를 종합적으로 고려해야 한다. GDP라는 단편적인 지표에서 벗어나 삶의 진정한 가치를 찾아나갈 때, 비로소 우리는 더 나은 미래로 나아갈 수 있다.

12
가진 힘의
80%만 쓰기

요즘 운동 방법을 바꾸는 실험을 하고 있다. 그동안 근육을 키우기 위해서는 고중량으로 한계까지 들어올려야 한다고 생각했다. 한때 힘에 부치는 무게를 들고 당기려 노력했다. 물론 효과는 있지만 몸이 쉽게 지치고 부상 위험이 컸다. 건강을 위해 시작한 운동이 오히려 몸을 혹사하는 꼴이 된 것이다. 그래서 너무 심하게 운동하는 트레이너의 간 수치가 높다는 얘기를 들은 적도 있다.

새로운 접근법인 '운동자각도 훈련'은 이런 통념에 도전장을 내민다. 이 방식은 가진 힘의 70~80%만 사용하라고 조언한다. 무게를 늘리는 대신, 자세의 정확성과 신체 감각에 집중하라는 것이다. 완전 몰입해 운동할 때 근육의 움직임,

호흡, 그때 일어나는 변화를 감지하자는 것이다. 무엇보다 끝까지 힘을 쓰지 않기 때문에 부상 위험이 적다.

난 이 방법이 참으로 신선하게 느껴진다. 노자의 "궁력거중 불능위용"窮力擧重 不能爲用 즉, 있는 힘을 다하는 건 쓸데없는 짓이란 말이 생각난다. 역설적이게도 여유를 두는 것이 더 큰 힘을 만들어낸다는 것이다.

이 생각은 삶의 여러 영역에 적용될 수 있다. 살 집을 고를 때, 돈을 쓸 때, 심지어 일할 때도 마찬가지다. 자기가 가기엔 조금 못한 자리에 가야 하고, 집도 너무 큰 집보다는 작은 집에 살아야 하고, 돈도 있다고 다 쓰지 말고 적절하게 쓰고⋯ 몸도 그렇다. 몸을 불살라 무언가를 하는 건 단기적으로는 화려하지만, 지속되기 어렵다. 뭐든 다 쓰는 것보다는 여분을 남겨두는 것이 낫다. 모든 것을 불태우는 대신, 적절한 여유를 두는 것. 극한 도전이 아닌, 지속 가능한 노력. 그것이 장기적으로 더 큰 성과와 만족을 가져다준다.

13
헌 것 속에 새로움이 있고,
새로움 속에 헌 것이 있다

    우리 사회는 종종 나이를 기준으로 사람을 판단하곤 한다. 은행권에서는 전문성과는 상관없이 나이가 들었다는 이유만으로 임금 피크제를 적용한다. 공평해 보이지만 사실 전혀 공평하지 않은 제도다. 또한 로테이션이라는 명목하에 전문성을 확보하는 것도 쉽지 않다. 우수한 인력이 왔다가도 뚜렷한 주특기 없이 평범한 사람이 되어 나온다.

    반면 정치권은 전반적으로 노령화되어 있다. 기업이라면 벌써 물러났어야 할 사람들이 여전히 현역으로 활동한다. 늘 세대교체의 필요성이 제기되지만, 정작 그들 자신이 현역이다 보니 실천은 쉽지 않다.

    그렇다면 진정한 세대교체란 무엇일까? 이에 대해 김성근 감독의 주장은 들어볼 만하다.

컵에 물을 계속 부으면 어느 순간부터 원래 담겨 있던 물이 자연스럽게 빠져나온다. 이런 것이 세대교체다. 컵에 있는 물을 전부 비우고 새로 넣는 게 아니다. 세상일은 원래 헌 것 속에 새로움이 있고 새로움 속에 헌 것이 있는 법이다. 나이를 먹어도 능력이 있으면 계속하는 것이고, 젊어도 능력이 없으면 그만둬야 한다. 가득염은 1969년생, 2007년 SK 왔을 때 내일모레 마흔이다. 그런데 4년이나 더 선수생활을 했다. 경력이 많으니 위기에도 떨지 않고 대범하게 자기 볼을 던졌다.

한 마디로 나이 먹었다고 자르고, 젊다고 쓰지는 말라는 것이다. 나이가 들었어도 가득염 같은 선수는 기용하고, 젊어도 성과를 내지 못하면 자르라는 것이다. 컵에 있는 물을 쏟고 새 물을 채우는 대신 계속 새로운 물을 부으라는 것이다. 나이 든 사람을 몰아내고 그 자리에 젊기만 한 사람을 채우는 게 세대교체가 아니다. 제 역할을 잘하고 발전에 대한 욕구가 있는 사람은 남아 있고 그렇지 못한 사람을 내보내고 새로운 피를 수혈하는 것이 내가 생각하는 세대교체다.

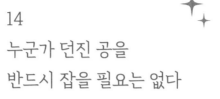

14

누군가 던진 공을
반드시 잡을 필요는 없다

살면서 수많은 자극에 노출된다. 그 자극에 민
감하게 반응할수록 기분 나쁜 일이 늘어나고, 마음의 평화는
멀어진다. 하지만 자극과 반응 사이에는 선택할 수 있는 귀
중한 순간이 있다. "누군가 던진 공을 반드시 잡을 필요는 없
다." 이 말은 우리에게 주도권이 있음을 일깨워준다.

늘 핸드폰을 켜둘 필요도, 모든 만남의 제안에 응할 필요
도 없다. 진정 중요한 것은 자신의 마음을 지키는 일이다. 이
를 위해서는 어떤 '공'이 우리의 삶에 가치를 더하고, 어떤
'공'이 불필요한 부담이 될지 현명하게 판단해야 한다.

누군가의 비판이나 부정적인 말에 즉각 반응해 상처받을
수도 있지만, 그것을 단순히 지나가는 구름처럼 바라볼 수도

있다. 모든 문제나 갈등을 반드시 해결하려 들지 않아도 된다는 깨달음은 마음의 평화로 가는 강력한 방패가 된다.

우리에게는 선택할 자유가 있다. 세상이 던지는 모든 공을 받으려 애쓰다 보면 정작 중요한 것들을 놓칠 수 있다. 내 삶의 질을 높여줄 의미 있는 자극은 받아들이고, 불필요한 부담이 될 자극은 과감히 지나치자.

여기서 우리는 역설적 진실을 발견한다. 더 많은 것을 잡으려 할 때가 아닌, 과감히 놓아버릴 때 오히려 더 큰 자유를 얻게 된다는 것이다. 통념과 달리, 때로는 반응하지 않는 것이 가장 강력한 반응이 될 수 있다. 이처럼 '하지 않기'를 선택하는 용기야말로 진정한 혁신의 시작점이 될 수 있다.

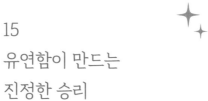

15
유연함이 만드는
진정한 승리

임진왜란 때 신립 장군은 충주 탄금대에서 왜
군과 맞서 유명한 '배수의 진'을 펼쳤다. 하지만 전투는 대패
로 끝났고, 아군은 몰살당했다. 왕은 궁궐을 버리고 도망쳐야
했으며, 신립 장군은 결국 강물에 투신하여 자결하고 말았다.
왜군의 쏟아지는 조총 사격에 작전이 어긋났던 탓이다.

우리는 종종 어떤 일에 착수할 때 "배수의 진을 치고 기
필코 이뤄내겠다!"라고 말한다. 하지만 이런 자세가 과연 바
람직할까? 오히려 어리석다고 생각한다. 세상사 어느 것도
내 뜻대로 풀리지는 않기 때문이다. "배수진을 친다"는 말은
"이번 일이 끝나면 더 이상 아무것도 하지 않겠다"라는 뜻과
다르지 않다.

세상은 만만치 않다. 굳은 결심만으로는 부족하다. 그런 생각은 교만이자 자만일 뿐이다. 신립 장군의 어설픈 각오로 수천 명의 군사와 양민들이 죽었고, 국가는 위기에 처했다. 하지만 배수진 외에 다른 대안은 없었을까? 비록 전투에는 졌을지라도, 다른 방식으로 접근했다면 임진왜란의 양상도 달라졌을지 모른다.

우리는 스스로 물어야 한다. "지금 나는 어떤 마음가짐으로 임하고 있는가?" 물론 의지나 도전정신이 없는 것도 문제지만, 허술한 각오와 지나친 낙관주의는 더 큰 위험을 낳는다. 어떤 경우에는 차라리 도전정신이나 결심이 없는 편이 낫다.

플랜B는 단순한 대안이 아닌 지혜의 표현이다. 어떤 일이든 예상대로 흘러가지 않을 수 있다는 인식 아래, 우리는 항상 새 길을 준비해야 한다. 플랜B 없이 무작정 배수진을 치는 건 무모할 뿐만 아니라, 성공을 향한 진정한 준비가 부족했다는 증거다.

인생의 모든 계획은 변수를 동반한다. 우리가 생각한 대로 될 확률보다 그렇지 않을 확률이 더 높다. 진정한 승리자는 한 길만 고집하지 않는다. 상황을 유연하게 읽고, 때로는 물러서기도 하며, 새로운 길을 찾아내는 사람이다. 이것이 선택의 유연함이 가져다주는 진정한 승리의 비결이다.

16
변하지 않는 사랑은
사랑이 아니다

"당신 변했어요." 부부 사이에서 자주 오가는 말이다. 이 말은 대개 부정적인 의미로 사용된다. 마치 사랑이 식은 것처럼 말이다. 그래서 사람들은 필사적으로 "아니에요, 변한 게 없어요"라고 자신을 변호한다.

그런데 정말 변한다는 것이 나쁜 걸까? 우리가 변하지 말아야 할까? 기저귀 차던 시절 그대로 살아가야 할까? 철없던 어린 시절처럼 지금도 사고를 치며 살아야 할까? 말도 안 되는 소리다.

우리는 모두 변한다. 아니, 변해야만 한다. 변화는 당연한 것이다. 몸이 자라고, 배움을 쌓으며, 일하는 과정에서 변화할 수밖에 없다. 중요한 건 '어떻게' 변하느냐는 것이다. 우리는 처한 위치와 역할에 맞게 변해 나가야 한다. 그중 하나가 바로 역할의 변화다.

직장에서 사원의 역할과 팀장의 역할은 다르다. 팀장이 된다면 자신의 일뿐만 아니라 팀원들을 돌보고 그들이 제 역할을 다할 수 있도록 이끌어야 한다. "너는 너, 나는 나"라는 식으로 행동한다면 그는 팀장으로서 자격이 없는 셈이다. 임원이 되면 또 다른 책임이 주어지고, 그에 걸맞게 변해야 한다.

개인도 마찬가지다. 결혼 전과 후, 자녀가 생기기 전과 후에 우리 역할은 달라진다. 결혼한 사람이 배우자를 배려하지 않고 제멋대로 행동한다면 그는 좋은 남편이 될 수 없다. 아이 아빠가 되었는데도 아이를 돌보지 않는다면 좋은 부모가 되기 어렵다.

서로를 향한 사랑이 깊어지고 성숙해지는 과정에서 우리는 변화하고 성장한다. 오히려 변하지 않는 사랑은 사실 사랑이 아니다. 그 변화를 받아들이고 함께 나아갈 때, 우리는 진정한 사랑을 하는 것이다.

"당신 변했어요"라는 말을 부정적으로 사용하는 대신 "당신은 참 멋지게 변했어요" 혹은 "멋지게 나이 들었어요"라는 말을 오가게 하고 싶다면 우리는 무엇을 어떻게 해야 할까? 내가 자주 하는 고민이기도 하다.

17
배운 것을 완전히
내 것으로 만들려면

배움의 여정에는 네 가지 상황이 존재한다. 배우려 하지만 가르쳐줄 사람이 없거나, 가르쳐줄 사람은 있지만 배우려 하지 않는 경우, 그리고 배우려는 의지와 가르침이 모두 없는 최악의 상황까지. 하지만 무엇보다 중요한 건 배우고자 하는 마음가짐이다. 세상만사가 그렇듯, 배고픈 사람에겐 무엇이든 별미로 다가오는 법이다.

일본의 투수 야마다 히사시의 사례가 이를 잘 보여준다. 강속구로 이름을 떨치던 그는 부상 후 구속이 떨어지자 언더핸드 투수 아다치 미쓰히로에게 싱커를 배우고자 했지만 거절당한다. 하지만 그는 포기하지 않고 포수 뒤에서 아다치의 손 움직임을 관찰하며 혼자서 연습에 매진했다. 그 노력에 감명받은 아다치는 결국 힌트를 제공했고, 야마다는 싱커를 자신의 무기로 만들어낸다. 비록 직접적인 가르침은 없었지만, 그의 배움에 대한 열정이 성과를 이뤄낸 것이다.

성장을 위한 최고의 조건은 바로 학습에 대한 열정이다. 끊임없이 배우고 또 배워야 한다. 하지만 배운다고 해서 그것으로 충분한 건 아니다. 혼자만의 시간, 즉 배운 것을 스스로 내면화하는 과정이 필요하다. 그 과정이 없다면 제자리걸음에 그치고 만다. 나 역시 12년째 헬스 코칭을 받으면서, 코치가 없을 때는 혼자서 복습하곤 한다. 기억나는 것도, 그렇지 않은 것도 있지만 혼자 복기하는 시간을 가지면 그것이 진정 나의 것이 된다.

가르침의 부재가 오히려 더 깊은 배움을 이끌어낼 수 있다. 직접적인 전수가 없을 때 우리는 더 치열하게 관찰하고, 더 깊이 사고하며, 더 창의적으로 문제를 해결하게 된다. 야마다의 사례처럼, 때로는 스승의 거절이 혁신적 성장의 기폭제가 될 수 있다. 전통적인 스승-제자 관계를 벗어나 자기만의 방식으로 지식을 재구성할 때, 우리는 진정한 혁신가가 될 수 있다.

18
이메일을 금지한
이유

내가 아는 한 중견기업 오너는 몇 년 전 사내 이메일을 전면 금지했다. 그 이유를 묻자 그는 이렇게 답했다. "회사 규모가 작을 때는 별 문제가 없었지만, 글로벌 사업을 하면서 이메일이 소통의 장애물로 작용한다는 생각이 들었습니다. 이메일은 주로 일대일 소통이에요. 참조와 숨은 참조 기능이 있긴 하지만, 대부분은 자기 일이 아니면 관심을 갖지 않습니다. 또한 모든 것을 이메일로 처리하다 보니 하루에 수백 통의 이메일 홍수 속에서 살게 되더군요. 어느 순간 수익률이 떨어지는데, 저는 그 원인을 이메일 때문이라고 생각했고, 그래서 과감히 없앴습니다."

그렇다면 어떻게 소통하느냐는 질문에 그는 이렇게 답했

다. "대신 그룹웨어를 사용합니다. 프로젝트별로 방을 만들어두고, 그 방에 들어가면 진행 상황을 모두 파악할 수 있어요. 당연히 보고받을 필요도 없죠. 궁금한 점이 있으면 화상으로 바로 확인하면 됩니다. 처음에는 반발이 심했지만, 몇 년 지나니 이제는 이 방식을 선호하고 소통 비용도 크게 절감되었습니다."

이메일이 처음 등장했을 때, 나는 그것이 신이 내린 최고의 선물이라고 여겼다. 상대방이 어디에 있든 모든 것을 소통하고 공유할 수 있었기 때문이다. 하지만 이메일이 보편화되고 양이 폭증하면서, 어느새 소통의 걸림돌이 되고 말았다. 흥미로운 점은 이메일 통제가 생산성 향상을 넘어 삶의 질까지 개선한다는 사실이다. 연구에 따르면 이메일을 제한하면 주의력과 집중력이 향상되고, 스트레스가 줄어들며, 사회적 유대감과 수면의 질이 개선된다. 심지어 명상에 버금가는 효과로 행복감까지 높아진다는 결과도 있다.

때로는 익숙한 것을 버리는 용기가 혁신을 만든다. 이메일처럼 일상이 된 도구조차도 과감히 재검토해볼 필요가 있다. 더 나은 소통, 더 높은 생산성, 그리고 더 행복한 일터는 이런 역발상에서 시작될 수 있다.

19
사과를 잘하는 사람의
연봉이 높은 이유

결론부터 말하자면, 사과를 하는 것이 이기는 것이다. 강자는 사과를 잘하는 반면, 약자는 어떤 수를 써서라도 사과를 피하며 고집을 부린다. 미국의 한 여론조사에 따르면 "I am sorry"라는 말을 자주 하는 사람일수록 소득 수준이 높다고 한다. 연봉 10만 달러 이상의 고소득자가 연간 2만 5천 달러 이하의 저소득층보다 두 배나 더 많이 사과를 한다는 것이다.

"자신의 잘못을 인정하고 사과하느냐"는 질문에 연봉 10만 달러 이상자의 92%가 '그렇다'고 답한 반면, 소득 구간이 낮아질수록 그 비율도 점차 줄어들어 2만5천 달러 이하 소득자의 경우 52%에 그쳤다. 이는 성공한 사람일수록 자신의 실수에서 배우려 하기 때문이라는 분석이다. 고소득자들은 보다 총명하고 자신을 안전하게 지키려는 경향이 있으며, 잘못을 인정하고 사과하는 것이 오히려 경력에 도움이 된다는 사실을 알고 있다.

"승자는 어린아이에게도 사과할 수 있지만, 패자는 노인에 게조차 고개를 숙이지 못한다." 탈무드의 이 말은 사과와 성공의 관계를 잘 보여준다. 사과는 강자의 언어인 것이다. 오직 강한 사람만이 진정으로 사과할 수 있다. 사과는 과오를 끝내겠다는 의미이자, 과오에서 벗어나 자유로워지겠다는 뜻이기도 하다.

그렇다면 진정한 사과란 무엇일까? 사과는 '쏠 사射'에 '과오 과過'가 더해진 단어이다. 말 그대로 자신의 과오를 인정하고 말로 표현하는 것이 사과다. 여기서 핵심은 자신의 잘못을 분명히 얘기해야 한다는 것이다. 내가 어떤 면에서 잘못했는지를 먼저 인정해야 한다.

하지만 많은 경우 사과는 변명으로 가득 차 있다. 정작 자신은 빠져 있고, "그러려던 건 아니었는데…", "그 사람이 그럴 줄은 몰랐어" 같은 말만 늘어놓는다. 이는 사과가 아니라 변명이다. 제대로 된 사과를 하지 않으면 오히려 문제를 키울 수 있다. 자신의 잘못을 인정하고 사과할 줄 아는 사람만이 진정으로 성장할 수 있다.

20
사람의 속마음을 알면
좋을까?

따뜻한 봄날, 바람도 없이 모자가 날아가 연못에 빠졌다. 아끼는 모자인데 어쩌지? 이렇게 큰 연못이 있었나? 갑자기 하얀 연기가 자욱해지더니 연못에서 인어공주가 나타났다.

"이 모자가 네 것이니?" 고개를 끄덕이자 인어공주가 모자가 예쁘다며 달라고 말했다.

'뭐지?' 잠시 생각하고 말했다. "내가 그 모자를 주면 당신은 나에게 무엇을 줄 거죠?"

"난 너에게 초능력을 줄 수 있어."

모자 하나에 초능력 하나? 믿기지 않았지만 속는 셈 치고 믿어보기로 했다. 설사 거짓말이라 해도, 말하는 인어공주를 만난 기념으로 줄 만한 모자였다.

"상대방의 마음을 알 수 있는 초능력을 원해요."

인어공주는 "후훗~! 정말 괜찮겠니?" 하는 표정으로, 후회하지 않을 자신이 있느냐고 물었다. 후회? 그런 초능력이 있는데 무슨 후회? 상대의 마음을 알 수 있다니! 세상에 이보다 좋은 게 있을 수 있을까? 모든 것을 마음대로 할 수 있을 것만 같았다.

눈을 떴다. 꿈이었다. 그런데 이상하게도 정말 모자가 없었다. 꿈이라고 하기엔 너무 생생했다. 이상한 기분이었지만, 그냥 꿈일 뿐이라고 생각하며 정신을 차리고 친구와 약속한 카페로 향했다.

시간 맞춰 도착해 친구를 기다렸다. 30분이나 늦게 온 친구는 들어오며 "아, 미안미안…. 차가 막히지 뭐야! 많이 기다렸어?"라고 말했다.

"아니야…. 뭐 괜찮아. 다음부턴 안 늦으면 되지."

그 순간 친구의 속마음이 들렸다.

[뭐래! 늦을 수도 있지. 누가 일찍 오래?]

갑자기 환청이 들린 것 같았다. 뭐지? 잘못 들었나? 하고 지나쳤다. 하지만 이후 사람들을 만날 때마다 그들의 속마음이 들렸다. 시간이 갈수록 더욱 선명하고 또렷하게 들렸다.

처음엔 가까이 있는 사람의 마음만 들렸는데, 점차 멀리 있는 사람까지 느껴졌다.

그러던 어느 날, 친구에게서 카톡이 왔다. 미안하다며 갑자기 야근이 생겨 약속을 취소해야 할 것 같다고 했다. 순간 믿기지 않는 일이 벌어졌다. 카톡의 글을 읽고 나니, 조금 흐리고 작은 글씨로 그 밑에 숨겨진 진실이 보였다.

〔야근 아님. 남자친구 만나러 가는 중〕

카톡에 이런 기능이 있을 리 없었다. 다른 사람의 속마음을 듣는 것에 더해, 이제는 문자까지 진실이 보이기 시작한 것이다. 글을 읽으면서도 숨겨진 진실들이 눈앞에 펼쳐졌다. '거짓의 글이구나….'

전화기 너머로 들려오는 목소리에도 아주 작은 소리로 진실이 새어 나왔다. 상대의 진심을 제외하곤 쉴 새 없이 들리고 보이기 시작했다. 차라리 몰랐으면 좋았을 것들을, 알고 싶지 않아도 알 수밖에 없는 이 능력에 미쳐버릴 것만 같았다.

꿈속에서 본 그 연못을 찾아 헤맸다. 왠지 찾아보면 있을 것 같은 그 연못을 찾아 며칠을 헤맸다. 그리고 마침내, 저 멀리 하얀 안개가 보였다. 꿈속에서 본 그 연못이 눈앞에 있었다.

"그래, 바로 여기야!"

인어공주를 불러보았지만, 아무도 없었다. 모자를 던지며 인어공주를 불러봤지만 그녀는 나타나지 않았다. 몇 시간을 애타게 불러봐도 소용없었다. 절망감이 밀려왔다. 이대로 계속 살아야 한다니 괴로워서 미칠 것만 같았다. 친구를 만날 수 없었다. 그 누구도 만날 수 없었다. 모두가 거짓인 세상 속에서 홀로 외로움에 사무쳤다. 가장 친하다고 생각했던 친구의 진심을 알고, 주변 사람들의 말이 모두 진실이 아님을 깨달은 마음에 더는 아파하고 싶지 않아 어둠 속으로 숨어버렸다.

그리고 깨달았다. 상대의 진심을 안다는 것, 감춰진 속내를 안다는 것은 결코 좋은 것이 아니라는 사실을…. 그것은 지옥 그 자체였다.

인간관계는 진실과 배려 사이의 미묘한 균형 위에 서 있다. 우리는 늘 타인의 진심을 알고 싶어 하지만, 모든 진실을 아는 것이 반드시 행복으로 이어지지는 않는다. 때로는 작은 거짓말이 관계를 지키는 윤활유가 되기도 한다. '야근 때문에'라는 말 뒤에 숨겨진 다른 이유를 이해하고 넘어가주는 것, 그것이 어쩌면 더 성숙한 태도일 수 있다.

진정한 지혜는 모든 것을 알려고 하지 않는 데 있다. 상대방의 말을 있는 그대로 받아들이고, 때로는 넘어가줄 줄 아는 관대함이야말로 평화로운 삶으로 가는 길이다. 모든 진실을 알고 싶어 하는 욕망을 내려놓을 때, 우리는 비로소 진정한 자유를 경험할 수 있다.

21
몸이 마음을 결정한다

"생긴 대로 살아야 한다. 나와 다른 나로 사는 건 효과도 없고 고통스러울 뿐 행복하지 않다." 이는 내가 한때 의심 없이 믿었던 통념이었다. 그러나 백영옥의 칼럼을 읽고 나니, 내 생각이 틀릴 수 있다는 깨달음이 스쳤다. 그 칼럼에서는 《프레즌스》의 저자 에이미 커디의 이야기를 소개한다.

에이미 커디는 19살에 자동차 사고로 뇌를 크게 다쳐 기억력 장애에 시달리며 움츠러들어 살았다. 그러나 그녀가 찾은 해법은 바로 "너 자신을 속여라"라는 것이었다. 행복해서 웃는 것이 아니라, 웃으면 행복해진다는 말을 실천에 옮긴 것이다. 그 결과 그녀는 하버드대학의 교수가 되었고, 학생들에게 가장 먼저 움츠러든 어깨와 가슴을 펴고 허리를 곧게 세우라고 조언한다.

즉, 당신이 원하는 사람이 될 때까지 스스로를 속이라는 것이다. 내면의 목소리를 애써 찾기보다는 남들에게 보여주고 싶은 외면을 먼저 그려보고, 그런 사람이 되기 위해 노력하는 것이 더 효과적일 수 있다는 뜻이다. 이 칼럼을 읽는 순간, 나는 골프선수 신지애의 일화가 떠올랐다. 슬럼프에 빠져 부진을 겪던 그녀에게 코치는 단 한 마디, "챔피언처럼 당당하게 걸으라"고 조언했다. 그 후 그녀는 본래의 기량을 되찾았다.

"생긴 대로 살라"는 말은 오해의 소지가 있다. 그것은 우리 스스로가 만든 틀에 갇혀 빠져나오지 못하게 할 수 있다. 잘못된 모습을 진짜 자기 모습으로 여겨 거기에 머무를 수도 있기 때문이다. 차라리 내가 진정 되고 싶은 모습, 남들에게 보여주고 싶은 이미지를 상상하고 마치 이미 그렇게 된 것처럼 행동하는 편이 더 나은 결과를 가져올 수 있다.

나의 조언은 단순하다. "위를 보고 걷자." 스마트폰에 고개를 파묻고 걷는 대신, 세상을 향해 고개를 들고 자신만만하게 걸어보라. 그 걸음걸이 속에 당신이 되고 싶은 모든 것이 담겨 있다.

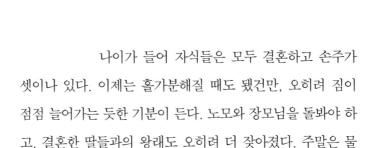

22
인생에 짐이 없으면
홀가분할까?

　　나이가 들어 자식들은 모두 결혼하고 손주가 셋이나 있다. 이제는 홀가분해질 때도 됐건만, 오히려 짐이 점점 늘어가는 듯한 기분이 든다. 노모와 장모님을 돌봐야 하고, 결혼한 딸들과의 왕래도 오히려 더 잦아졌다. 주말은 물론 주중에도 수시로 들락거려야 한다.

　　주변에는 양가 부모님이 모두 돌아가시고, 자녀들은 해외에 사는 지인들도 많다. 돌봐야 할 사람이 없어 모든 시간과 돈을 오로지 자신만을 위해 쓸 수 있는 그들의 삶은 과연 어떨까? 홀가분할 것 같지만, 그리 부럽게 느껴지진 않는다. 아니, 솔직히 그런 삶은 재미없어 보인다. 비록 힘은 들지만, 지금처럼 이 사람 저 사람 뒤치다꺼리하며 부대끼는 삶이 더 좋다. 아무도 찾는 이 없는 노인보다는, 여러 이유로 사람들이 찾는 노인이 되고 싶다. 한때는 짐이 없는 것이 행복이라 여겼지만, 이제는 적당한 짐이 있어야 행복할 수 있다는 생각이 든다. 《질서 너머》(조던 B. 피터슨 지음, 웅진지식하우스)에서 이런 통찰을 발견했다.

> 행복은 인생의 진정한 목표가 될 수 없다. 사람들이 싫어하는 책임이 삶에 의미를 부여한다. 그 의미가 고통을 가치 있게 만든다. 남들이 책임을 방치한 곳에 기회가 숨어 있다. 짊어질 짐이 없는 보통 사람은 스스로를 먹어 치운다. 진정한 자존감은 짊어진 책임에 비례해 커진다. 편한 일만 찾고, 희생을 두려워하면 영원히 어른아이로 남는다.

우리가 짊어지는 책임은 삶에 깊이와 의미를 더한다. 버거운 듯한 그 짐 속에서 우리는 성장하고 진정한 가치를 발견한다. 짐이 없는 홀가분함이 아닌, 책임을 기꺼이 받아들이는 데서 진정한 행복이 시작된다.

23
공감대 형성은
항상 좋은 것일까?

혁신은 남들이 하지 않는 것을 하는 것이다. 세상에 없던 제품을 만들고, 생각하지 못한 것을 생각해내는 것이다. 그런데 사람들은 혁신에 대해 어떤 반응을 보일까? 쌍수를 들어 환영하며 열광할까? 절대 아니다. 오히려 반대하고 경멸하며, 안 되는 이유를 늘어놓는다. 근거라고는 자신의 경험과 지식뿐이다.

혁신의 본질은 낯섦이고, 그에 대한 사람들의 반응은 반대와 경멸이다. 공감과 혁신은 함께 가기 어렵다. 처음 보는 제품과 서비스에 모두가 공감한다면, 그것이 오히려 이상할 것이다.

우리는 공감대 형성을 지고지선의 덕목으로 여긴다. 커뮤니케이션의 핵심으로 생각한다. 물론 일리는 있다. 공감은 필요하다. 하지만 신제품 개발에 있어 리더의 자세는 달라야 한다. 치열한 반대가 있을 것이고, 그것을 예상해야 한다. 처음에 전폭적인 공감대를 얻는 것은 어불성설이다. 공감대는 형성하기 어렵다. 밀리면 안 된다. 밀어붙여야 할 때도 있는 법이다.

대표적인 예가 오늘날 삼성과 한국을 먹여 살리는 반도체 사업이다. 이병철 회장이 처음 뛰어들 때, 직원과 주변의 반응은 극렬한 반대였다. 그동안 번 돈을 다 쓸 것이라며 길길이 날뛰었다. 하지만 그 반대를 무릅쓴 결과, 지금의 삼성전자가 있는 것이다. 공감대 형성에 연연했다면 오늘의 삼성은 없었을 것이다. 스티브 잡스가 스마트폰을 만들 때도 마찬가지였다. 공감대 형성에 매달렸다면 엉뚱한 제품이 나왔을 가능성이 크다.

혁신과 공감대 형성은 어울리지 않는 단어다. 오히려 독불장군, 독단적이란 표현이 더 잘 어울린다. 10년 앞을 보는 오너와 하루하루 일하는 직원의 시야는 다를 수밖에 없다. 때로는 강제로 밀어붙여야 한다. 대부분의 아웃라이어는 공감대 형성과는 거리가 멀다.

공감대 형성으로 인한 손실의 대명사는 휴렛패커드다. 90년대 휴렛패커드는 아폴로를 인수하면서 워크스테이션 시장을 70%까지 장악했지만, 공감대 형성에 매달리다 2년을 허비했다. 공감대 형성은 중요하지만 항상 필요한 건 아니다. 때로는 밀어붙여야 한다. 세상에 정답은 없다.

24
굴러온 돌이 있어야
박힌 돌도 득을 본다

굴러온 돌이 박힌 돌을 빼내는 걸까? 아니다.
굴러온 돌은 정체된 조직에 활기를 불어넣는다. 역사를 살펴
보면, 개방적인 사회가 폐쇄적인 사회보다 더 발전했음을 알
수 있다.

아테네는 부모가 모두 아테네인이어야만 시민권을 부여했
다. 심지어 아리스토텔레스조차 마케도니아 출신이란 이유로
시민권을 얻지 못했다. 반면 로마는 다른 문화를 받아들이는
데 거부감이 없었다. 그들은 좋은 것이면 적의 것이라도 흡수
했고, 피지배민족인 그리스의 신들마저 받아들였다.

스페인은 달랐다. 순수한 사회를 지킨다며 새로운 것을 무
조건 배격했다. 처음엔 종교에 국한되었으나, 점차 모든 학문

과 예술 분야로 확산되었다. 공포의 종교재판소가 커질수록 스페인은 역동성을 잃었고, 개인의 자유와 사회의 활력은 떨어졌다. 결국 패권을 내주고 말았다.

조직도 마찬가지다. 두 종류의 조직이 있다. 하나는 사람들이 계속 드나드는 조직, 다른 하나는 한번 들어오면 나가지도 않고 새로 들어오지도 않는 조직이다. 공무원이나 공공기관이 후자에 속한다. 예전에는 대기업도 그랬지만, 공채제도가 사라지며 달라졌다.

이 두 조직의 분위기는 사뭇 다르다. 정체된 조직을 살리는 최선의 방법은 고인 물을 빼고 새 물을 넣는 것이다. 그럴 때 사람들은 "굴러온 돌이 박힌 돌을 빼낸다"라며 반발한다. 하지만 박힌 돌만으로는 발전할 수 없다. 주기적으로 박힌 돌을 빼내고 굴러온 돌이 그 자리를 메워야 한다. 반짝이는 굴러온 돌들이 안주하는 박힌 돌을 자극해야 한다. 그때 박힌 돌에겐 두 가지 선택지가 있다. 변화하고 발전하거나, 물러나거나.

"우리가 남이가"를 외치는 이들 중 제대로 된 사람을 본 적이 없다. 굴러온 돌이 계속해서 박힌 돌을 빼낼 수 있어야 한다. 그래야 그 조직은 발전한다.

25
쓴소리가
진실일 가능성이 높다

주식투자에서 상한가와 하한가 중 더 위험한 것은 무엇일까? 바로 상한가다. 상한가에 도취되어 이어질 하한가를 예상하지 못하고 자만에 빠진다. 돈을 벌었다고 여겨 흥청망청 쓰다가 어느 순간 패닉에 휩싸인다. 행복과 불행도 이와 같다. 행복에 취해 있다가 불행이라는 복병을 만나면 대비가 안 되어 있을 때가 많다.

어떤 상황이 극에 다다르면 반전되어 반대로 전개된다. 화려한 꽃도 시들고, 차오른 달도 기우는 법이다. 강하고 센 것보다 약하고 부드러운 것이 더 오래 간다. 강한 것은 결국 부러지고 무너진다. 태풍이 지나가면 바다는 잔잔해지고, 거센 바람이 불고 나면 공기는 오히려 맑아진다.

통념에 저항하는 최고의 사상가는 노자이고, 그의 핵심 철학은 반대로 생각하고 행동하라는 "반자도지동"(反者道之動, 돌아가는 것이 도의 움직임이다)이다. "바른말은 반대로 들린다"라는 뜻의 "정언약반"正言若反이 이를 뒷받침한다. 입에 쓴 약이 몸에 이로운 것처럼, 귀에 달콤한 말보다 쓴소리가 진실일 가능성이 높다는 말이다.

"대변약눌"大辯若訥은 진정 말을 잘하는 이는 오히려 어눌해 보인다는 의미다. 술술 잘 말하는 사람보다 진심을 담아 말하는 이의 말에 귀를 기울이라는 뜻이다.

"기자불립"企者不立, "과자불행"跨者不行도 마찬가지다. 까치 발로는 오래 서 있을 수 없고, 큰 보폭으로는 멀리 가지 못한다. 인생은 단거리 경주가 아닌 마라톤이기 때문이다.

밑바닥을 쳤다고? 오히려 기뻐할 일이다. 이제부터는 올라갈 일만 남았기에. 정점에 올랐는가? 조심해야 한다. 내려갈 일만 남았으니까.

26
마라톤 1등과 꼴등 중
누가 더 피곤할까?

마라톤 선수들에게 주어진 42.195km라는 거리는 모두에게 동일하다. 발걸음 수나 소모되는 에너지 역시 빠르건 느리건 다를 바 없다. 단지 2시간에 완주한 선수와 3시간에 완주한 선수, '빨리 뛰고'와 '늦게 뛰고'의 차이만 있을 뿐이다. 그럼에도 1등과 꼴등 선수 사이의 격차는 어마어마하다. 1등은 같은 거리를 뛰고 같은 힘을 쏟았음에도 찬사와 상을 받으니 몸도 덜 지치고 기분도 좋아진다.

상황이 어떻든 더 나은 방식으로, 더 신속히 일을 끝마칠수록 효과는 커지고 피로감은 줄어든다. 미룬다고 편해지지 않는다. 오히려 그 반대다. 마라톤은 좀 다를지 모르겠다. 빨리 달릴 수 있음에도 일부러 느릿느릿 뛰는 선수는 없으니까. 하지만 대다수 일은 마음가짐 하나로 얼마든지 더 속도감 있게 처리할 수 있다.

결론은 명료하다. 모든 일에는 '최적의 시점'이 있다. 그때를 놓치면 일의 난이도는 올라가고, 결과물의 질은 떨어진다. "덜 지치고 더 즐겁게 일할 수 있는 방법"이 있다면 3개월 뒤가 아닌 바로 오늘, 지금 이 순간에 시작하는 것이다.

미루는 습관은 단순히 시간 관리의 문제를 넘어선다. 그것은 우리의 삶의 질을 근본적으로 좌우한다. 미루는 게 버릇이 되면 쌓인 업무를 늘 짊어지고 살아야 하는데, 이는 마치 무거운 배낭을 메고 산을 오르는 것과 같다. 시간이 갈수록 체력은 소진되고, 정신적 부담은 가중된다.

일은 묵혀두지 말고 신선할 때 바로 처리하는 게 낫다. 신선함이란 단순히 시간의 문제가 아니다. 그것은 우리의 집중력, 창의성, 실행력이 최고조에 이른 상태를 의미한다. 이 황금시간을 놓치면 같은 일도 더 많은 시간과 에너지를 필요로 한다. 천천히, 여유 있게 처리하는 것이 항상 최선은 아니다. 때로는 과감하고 신속한 실행이 우리를 더 편안하게 만들 수 있다.

27
여성들을 이해하는 스몰 데이터에
비즈니스 기회가 있다

여성들이 스마트폰을 자주 떨어뜨리는 이유는 액정 크기 때문이다. 평균 6인치인 스마트폰 액정은 여성의 평균 뼘에 비해 크기 때문에 한 손으로 다루기 어렵다. 애플이 "한 손 조작에 문제없는 크기"라며 홍보하는 5.4인치 아이폰 12조차 대부분 여성에게는 너무 크다.

스마트폰뿐만이 아니다. 같은 교통사고라도 여성이 중상을 입을 확률이 남성보다 47%나 높은데, 이는 안전 테스트용 더미가 주로 성인 남성이기 때문이다. 여름철 사무실 온도는 70kg, 40세 남성의 기초대사율을 기준으로 정해져 여성에게는 적정 온도보다 5도가량 낮다. 부엌이나 비행기 선반 등도 남성 위주로 설계되어 있어 여성은 까치발을 해야 손이 닿는다.

더 놀라운 건 첨단 기술조차 이런 편향에서 자유롭지 않다는 점이다. 2012년형 포드 포커스를 산 한 여성은 음성인식 시스템이 남편의 목소리만 인식하자 황당했다. 제조사에 항의했더니 돌아온 대답은 "옆 남성분께 부탁해보세요"였다. 볼보 크로스컨트리를 운전하는 어머니도 목소리를 일부러 낮춰야만 음성인식이 작동했다.

하지만 이런 불편함 속에 새로운 비즈니스 기회가 숨어 있다. 스웨덴의 사례가 이를 증명한다. 1985년부터 수집한 겨울철 외상 환자 데이터를 분석한 결과, 보행자가 운전자보다 빙판길 사고 위험이 3배 높다는 사실을 발견했다. 연간 낙상 관련 비용만 3,600만 크로나(약 43억 원)에 달했다. 이에 칼스코가시는 과감히 제설 우선순위를 바꿨다. 차도가 아닌 보행자도를 먼저 치우기 시작한 것이다.

《보이지 않는 여자들》에서 말하듯, 빅데이터 시대에 진정 필요한 건 더 세밀한 관찰이다. 전체 데이터 속에서 여성 관련 데이터를 따로 분석하고, 그들만의 특성과 니즈를 발견하는 것. 이것이 바로 새로운 비즈니스 기회의 시작점이 될 것이다.

28
싫어하는 일에서 찾는
진짜 기회

여러분은 어떤 일을 좋아하는가? 해외여행, 골프, 음악감상, 영화보기, 사랑하는 사람과 수다떨기···. 그렇다면 그 일이 직업이 될 수 있을까? 그것으로 돈을 벌 수 있을까? 좋아하는 일이 직업이 될 확률은 매우 낮다. 좋아하는 일과 잘하는 일, 그리고 돈이 되는 일을 구분해야 한다.

"좋아하는 일을 하면서 살라"는 말은 그럴듯하지만, 사람들이 오해하기 쉬운 조언 중 하나다. 첫째, 자신이 좋아하는 일이 무엇인지 잘 모르기 때문이다. 둘째, 좋아하는 일을 찾았다고 해도 그것을 직업으로 연결하기 어렵고, 수익을 창출하기는 더더욱 힘들기 때문이다.

좋아하는 일을 직업으로 한번 선택해보라. 여행을 좋아한다면 여행 관련 회사에 취직해 실제로 그 일을 해보라. 막상 해보면 상상도 못한 짜증 나는 일이 많아서 싫어할 확률이 높아진다.

내가 하는 일 중 하나는 책을 읽고 요약해 소개하는 일이다. 이 일을 한 지 20년이 넘었다. 처음엔 도대체 내가 왜 이 일을 하는지, 이 일에 어떤 의미가 있는지 몰랐다. 관심도 없는 분야의 책을 억지로 읽고 요약하는 것이 어떤 때는 형벌처럼 느껴졌다. 그러나 지금은 어떤 일보다 이 일을 좋아한다. 새벽에 일어나 책을 읽고, 핵심 내용을 뽑아 글로 옮길 때가 가장 행복하다. 자꾸 하다 보니 실력이 늘었고, 잘하니까 사람들로부터 좋은 피드백을 받는다. 무엇보다 이 일이 돈이 되고, 내 실력의 원천이 된다는 걸 피부로 느낀다.

나는 좋아하는 일을 하라는 대신, 지금 하는 일을 우선 잘하라고 말하고 싶다. 눈 딱 감고 1년만 죽어라 해보길 권한다. 그러다 보면 그 일을 점점 좋아하게 될 수 있다. 잘하면 좋아지는 법이다. 좋아하는 일이든 무슨 일이든 주어진 일을 열심히 해야 한다. 특히 남들이 하지 않는 일, 남들이 싫어하는 일을 잘해야 한다. 좋아하는 일은 누구나 잘하지만, 본능적으로 싫어하는 일은 사람들이 회피한다. 바로 여기에 기회가 있다. 남들이 싫어하는 일을 능숙하게 해낼 때, 진정한 경쟁력이 생기는 것이다.

29
남들의 위로 속으로
도망가지 마라

습관적으로 상처받았다는 말을 내뱉는 사람이 있다. 누군가의 말 한마디에 상처받고, 힘든 회사생활로 인생이 상처투성이라 말하며 위로를 구한다. 강의 청탁할 때도 위로의 강의를 해달라는 요청을 하기도 한다. 하지만 과연 남의 위로가 우리의 문제를 해결해줄 수 있을까?

위로는 달콤한 유혹이다. "너는 잘못이 없어, 잘해왔어"라는 말에 순간의 위안을 얻지만, 그것이 진정한 해결책은 아니다. 우리 인생의 주인공은 우리 자신이기에, 문제해결의 열쇠 또한 우리 안에 있다.

위로는 일시적 해소책이다. 해소된 것처럼 보이지만 해결된 건 아니다. 김성근 감독의 위로에 대한 생각이 나와 비슷해 공감했다.

남의 위로가 난 달갑지 않다. 위로를 받아들이는 것 역시 내가 생각하기엔 타협이다. 위로를 받고서 '그래, 괜찮다. 이 정도면 잘한 것이다'라고 생각하는 게 타협이 아니면 무언가. 난 남들의 위로에 위로받지 않는다. 동정은 한 번뿐이지, 진심으로 동정하고 위로하던 사람도 두 번, 세 번 실패하면 비난하게 되어 있다. 나는 위로를 받아도 담담하게 흘려들을 뿐이다. 이 세상에서 제일 약한 사람이 남에게 위로 받길 바라고 동정을 원하는 사람이다. 인생은 결국 자신뿐이다.

위로는 오히려 책임회피의 수단이 될 수 있다. 위로에 기대는 순간, 우리는 스스로의 문제를 직시하지 않고 남 탓으로 돌리게 된다. 그러나 인생의 주인공은 바로 나 자신이다. 남의 위로에 의지하기보다는 스스로의 힘으로 문제를 헤쳐 나가는 자세가 필요하다.

30
선한 일도
효과적으로 해야 한다

우리는 종종 아동 착취를 통해 만든 제품에 분노하며, 그 회사의 물건을 사지 않으려 한다. 하지만 이것이 과연 진실일까? 가난한 나라에서 노동착취 공장은 오히려 그나마 괜찮은 일자리로 여겨진다. 만약 이런 일자리마저 사라진다면, 그들에게 남은 건 열악한 농장 일이나 넝마주이일 뿐이다. 진보와 보수를 가리지 않고 경제학자들은 노동착취 공장이 가난한 나라에 오히려 도움이 된다는 점에 의문을 제기하지 않는다. 폴 크루그먼은 "내가 걱정하는 건 노동착취 공장이 너무 많은 게 아니라 오히려 너무 적다는 것"이라고 말한 바 있다. 이는 노동집약적 제조업이 부유한 산업사회로 나아가는 데 있어 중요한 징검다리 역할을 하기 때문이다.

공정 무역 역시 마찬가지다. 우리가 공정 무역 제품을 구입한다고 해서 가난한 나라의 빈곤층에게 그 혜택이 고스란히 돌아가는 건 아니다. 공정무역 기준이 까다롭기 때문이다. 우리가 추가로 지불한 금액 중 실제 농부들에게 돌아가는 건 극히 일부에 불과하며, 나머지는 중개인의 주머니로 들어간다. 생산자에게 돌아가는 그 적은 몫마저도 반드시 더 나은 임금으로 이어진다는 보장은 없다. 결국 우리의 선한 의도와는 달리, 실질적인 효과는 미미한 셈이다.

선한 일도 효과적으로 해야 한다. 그렇다면 효율성이란 무엇일까? 수십만 명의 투치족이 학살당하던 르완다에서, 환자를 살리기 위해 분투했던 의사 오르빈스키는 당시를 이렇게 회상한다.

> 부상자가 넘쳐났다. 우리는 환자의 이마에 테이프를 붙여 1은 즉시 치료, 2는 24시간 내 치료, 3은 치료 불가능으로 구분하고 치료에 임했다. 모든 환자를 구할 순 없었다. 만약 이런 식으로 등급을 나누지 않았다면 더 많은 이들이 목숨을 잃었을 것이다.

돈과 시간 역시 효율적으로 배분해야 한다. 효과적인 이타주의는 선의를 넘어 실질적인 변화를 만들어내는 것이다. 이를 위해서는 모든 문제에 동일한 비중을 두는 것이 아니라, 우선순위를 정해야 한다.

다섯 가지 질문을 통해 우리의 노력을 가장 의미 있게 사용할 수 있다(《냉정한 이타주의자》, 윌리엄 맥어스킬 지음, 부키).

첫째, 혜택의 크기와 범위는 어떠한가?

둘째, 다른 더 나은 방법은 없는가?

셋째, 우리가 보지 못한 문제는 무엇인가?

넷째, 이 선택의 대안은 무엇인가?

다섯째, 성공 가능성과 그 영향력은 어느 정도인가?

이러한 냉철한 분석을 통해 우리는 더 현명한 선택을 할 수 있다. 당장의 작은 성과에 만족할 것인지, 아니면 위험을 감수하더라도 더 큰 변화를 추구할 것인지를 결정할 수 있다. 진정한 이타주의는 마음이 아닌 결과로 증명되어야 한다.

4부

상식 밖에서
찾는
인생의 해법

1
'할 수 없다'고 말할 때
비로소 자유로워진다

　우리는 일상에서 "넌 뭐든지 할 수 있어"라는 응원의 말을 자주 듣는다. 직장에서, 친구 사이에서, 심지어 연로한 부모님에게도 우리는 '할 수 있다'는 말을 아끼지 않는다. 이 말은 분명 자신감을 북돋우고 도전정신을 일깨우는 긍정적 효과가 있다.

　하지만 '할 수 있다'는 말이 늘 좋은 것만은 아니다. 때로 이 말은 상대방에게 큰 부담으로 작용할 수 있다. 자신의 능력이 부족하다고 느끼는 상황에서 주변인들의 끊임없는 "할 수 있어"라는 말은 오히려 압박감을 줄 수 있다.

　더욱이 '할 수 있다'는 말을 자주 들으면 못하면 안 될 것 같은 강박에 시달릴 수 있다. 중도에 포기하고 싶어도, 의지가 약해져도 그 모습을 드러낼 수 없게 된다. 실패 시 주변 사람들의 실망과 비난이 두려워진다. '할 수 없다'고 말하는 것 자체가 마치 겁쟁이가 되는 듯한 기분이 든다.

이렇게 힘에 부칠 때, 더는 원치 않을 때, 누구의 시선도 의식하지 않고 '하지 않을 자유'가 보장되어야 한다.

철학자 한병철은 《피로사회》에서 이와 관련해 중요한 지적을 했다. 그는 무언가를 할 수 있는 힘만 있고 하지 않을 힘이 없다면, 우리는 치명적인 '활동 과잉'에 빠진다고 경고했다. 이러한 과잉 활동은 극단적 수동성의 한 형태로, 어떤 자유로운 행동의 여지도 남기지 않는다고 했다.

따라서 '할 수 있는 힘' 못지않게 '하지 않을 힘'도 중요하다. 좋은 자동차에 강력한 액셀뿐 아니라 적절한 브레이크도 필요하듯, 사람에게도 '할 수 있다'는 생각만큼이나 그것을 억제하는 절제력이 있어야 한다.

우리 사회는 '할 수 있다'는 말은 칭찬하면서도, '할 수 없다'는 말은 패배자의 변명으로 치부하는 경향이 있다. 하지만 이런 통념에 맞서야 한다. '할 수 없다'고 말하는 것 역시 때론 용기 있는 행동이며, 자신의 한계를 인정하고 존중하는 자세일 수 있다. 이는 단순한 포기가 아니라, 자신만의 속도로 살아갈 자유의 표현이다. 우리에겐 앞으로 나아갈 힘도, 때로는 멈출 줄 아는 힘도 모두 필요하다.

2
현실을 있는 그대로 바라보면
길이 보인다

해결 불가능한 문제는 항상 있기 마련이다. 날씨, 죽음, 상사가 대표적이다. 그것을 해결하려 너무 애쓰는 것이 오히려 문제를 키운다. 때로는 해결하려 하지 않을 때 문제가 자연스럽게 해소되기도 한다. 진정한 지혜란 바꿀 수 없는 것을 받아들이는 평온함과, 바꿀 수 있는 것을 변화시키는 용기를 구분하는 능력이다. 결국 삶에서 우리가 통제할 수 있는 것과 없는 것을 분별하는 것이 핵심이다.

누구도 현실 그 자체를 바꿀 순 없다. 바꿀 수 있는 건 오직 현실을 마주하는 우리의 자세뿐이다. 수용이야말로 가장 높은 차원의 변화다. 날씨든 죽음이든… 모든 것은 끊임없이 변하고 언젠간 끝을 맞는다. 인생은 계획대로 흘러가지 않는다. 인생은 결코 공평하지 않다. 고통은 삶의 한 부분이다. 가장 가까운 이도 언제든 등을 돌릴 수 있다.

현실을 있는 그대로 보는 용기는 우리를 무력감에서 해방시킨다. 통제할 수 없는 것들에 대한 집착에서 벗어나 실제로 바꿀 수 있는 것들에 에너지를 집중할 수 있게 된다. 이것이 우리에게 주어진 진정한 과제다.

스티븐 호킹의 삶은 이를 잘 보여준다. 그는 21살에 루게릭병 진단을 받고 2년 시한부 선고를 받았다. 자신의 신체 상태를 바꿀 수 없다는 현실을 받아들인 그는 대신 자신이 할 수 있는 것, 즉 이론물리학 연구에 모든 에너지를 쏟아부었다. 그 결과 현대 물리학의 지평을 넓히는 혁신적인 발견들을 이뤄냈다.

넷플릭스의 성공도 이런 맥락에서 이해할 수 있다. DVD 대여 사업이 스트리밍 서비스에 밀려 쇠퇴할 수밖에 없다는 현실을 일찍이 직시한 넷플릭스는, 과감히 사업 모델을 전환했다. 현실을 있는 그대로 받아들이는 것은 결코 패배주의나 체념이 아니다. 오히려 그것은 더 나은 선택과 변화를 위한 첫걸음이다.

3
몸이 먼저다:
멘탈은 체력에서 나온다

"유리 멘탈이에요. 쉽게 지치고 상처받아요"
라는 말을 자주 듣는다. 그럴 때마다 나는 되묻는다. 도대체
'멘탈'이 뭐라고 생각하느냐고. 제대로 대답하는 이를 만난
적이 없다. 동시에 그 사람의 몸과 얼굴을 살핀다. 대개 건강
해 보이지 않는다.

내가 생각하는 멘탈은 체력이다. 건강 그 자체다. 체력이
떨어지거나 베터리가 방전되면 멘탈도 무너진다. 당연히 멘
탈을 강하게 하는 길은 몸을 건강하게 만드는 것이다.

비슷한 맥락에서 마인드콘트롤이란 말도 있다. 마음을 통
제한다는 게 대체 무슨 의미일까? 부정적인 마음을 긍정적으
로 바꾼다는 말은 그럴듯하게 들리지만 실체가 없다. 마음이

란 게 그렇게 의지대로 움직일 수 있는 것이라면, 우울증 환자들은 왜 고통받는 걸까?

나는 마음 대신 차라리 몸을 통제할 것을 권한다. 세상에서 가장 정직한 건 몸이다. 몸은 절대 거짓말하지 않는다. 며칠 술 마시고, 잠 못 자고, 과식하면 어김없이 살이 찐다. 몸은 무겁고 나른해지고 의욕이 사라진다. 반대로 며칠 가볍게 먹고 많이 걷고 운동하고 숙면을 취하면 몸은 가벼워지고 의욕이 충만해진다.

몸은 거짓말하지 않지만 머리는 거짓말한다. 그래서 나는 그 사람이 하는 말보다 그 사람의 행동을 본다. 입에 발린 말보다 실제로 어떻게 행동하는지를 살핀다. 사랑도 마찬가지다. 사랑한다는 말을 백 번 하는 것보다 그 사람을 대하는 태도를 보면 진심인지 알 수 있다. 좋아하는 사람이나 아이디어에는 몸이 먼저 반응한다. 몸이 먼저이고 마음은 그다음이다.

내가 생각하는 피로의 정의는 "머리의 명령을 몸이 수행하지 않는 것"이다. 마인드콘트롤을 해봤자 몸이 말을 듣지 않으면 말짱 도루묵이다. 마인드컨트롤은 몸이 협조할 때만 가능하다. 몸이 피폐해지면 마음은 통제 불능이 된다. 보이지 않는 뇌를 통제하려 하지 말고, 눈에 보이는 몸부터 다스려라.

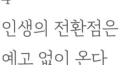

4
인생의 전환점은
예고 없이 온다

　　인사철이면 으레 승진자가 있는 만큼 퇴직자도 생기기 마련이다. 퇴직자들에게 소회를 물으면 너무 갑작스러워 당혹스럽다는 대답이 돌아온다. 60을 앞둔 임원도 그런 얘기를 하는데, 남의 일로만 여겼던 퇴직이 자신에게는 결코 일어나지 않을 거라 믿었던 모양이다.

　몹쓸 병에 걸려도 사람들은 "하필 나한테 이런 병이 올까?"라며 한탄한다. 물론 그런 말을 할 수는 있다. 하지만 곰곰이 생각해보면 이상하다. "무슨 일이든 오늘 일어날 수 있다"Anything can happen today. 내가 즐겨 인용하는 말이다. 언제 어떤 일이 닥칠지 모르는 게 우리 인생이다.

　우리는 세상을 어떤 시선으로 바라보고 있을까? 나에게는 좋은 일만, 병은 없어야 하고, 내 자식들은 모두 잘되어야 한다는 식으로 생각하진 않는가? 그래서 뜻밖의 일을 맞닥뜨리면 으레 "Why me?"라고 묻는다. "왜 하필 나에게 이런 일이?" 하고 말이다. 이는 잘못된 가정이고 잘못된 질문이다.

나만 피해 갈 수 있으리라 바라는 건 오만한 발상이다. 누구에게나 비슷비슷한 일은 일어나기 마련이다. 부자고 높은 지위에 있다고 병마가 비껴가는 건 아니다. 열심히 살았다고 늘 좋은 일만 생기는 것도 아니다.

누구에게든, 언제든 어떤 일이든 일어날 수 있다는 걸 받아들여야 한다. 중요한 건 그런 일이 닥쳤을 때 어떻게 받아들이고 해석할지를 미리 생각해두는 것이다. 그래야 더 현명하게 대처할 수 있다. 퇴직도, 질병도, 죽음도 누구에게나 언제든 찾아올 수 있는 일이다. 특히 죽음이 그렇다. 영원히 살 것처럼 사는 사람과, 언제든 삶이 끝날 수 있다고 여기며 사는 사람의 태도는 완전히 다르다.

삶의 전환점은 예고 없이 온다. 그때 우리는 "Why not me?"라고 받아들일 수 있어야 한다. 그것이 인생의 큰 전환점을 지혜롭게 맞이하는 방법이다.

5
힘든 게 당연해,
그게 성장의 신호야

우리는 삶이 힘들다고 자주 토로한다. 그럴 때마다 나는 의문이 든다. '그렇다면 힘들지 않은 삶도 있을까? 우리가 진정 원하는 건 그런 삶일까?' 아무 힘 안 들이고도 술술 잘 풀리는 그런 인생이 과연 존재할까?

'힘들다'는 말은 '힘이 든다'에서 비롯됐다. 그런데 힘이 생기려면 힘을 써야 한다. 그래야 힘이 길러진다. 자꾸 쓰면 발달하고 쓰지 않으면 퇴화한다는 용불용설用不用說은 불변의 진실이다. 무엇이든 꾸준히 써야 한다. 머리도 그렇고 몸도 마찬가지다. 건망증은 뇌를 충분히 활용하지 않아 생기고, 오십견은 어깨를 제대로 쓰지 않아 생긴다.

힘쓸 일 없는 삶이야말로 딱한 삶이다. 사람에겐 힘쓸 무언가가 필요하다. 쉬운 운동은 운동이 아니다. 진짜 운동은 힘이 든다. 힘을 쓰면 힘이 생기고, 힘이 생기면 또 힘쓰고 싶은 욕구가 샘솟는다.

힘들다고? 왜 힘들다고 여기는 걸까? 정말 고된 일을 하는 이들 중에도 힘들지 않다는 사람이 있고, 별로 하는 일 없이도 힘들다 징징대는 이들도 있다. 왜 이런 일이 벌어질까? 힘듦의 역치가 낮아서 그렇지 않을까? 그동안 지나치게 안일하게 살다 보니 별것 아닌 일에도 힘이 든다고 느끼는 건 아닐까?

그렇다면 해법은 단순하다. 힘을 써보는 거다. 버거운 일에 맞서 보는 거다. 그러면 힘이 생기고, 힘이 덜 들지 않겠는가? 힘든 게 당연하다. 그것이 바로 성장의 신호임을 깨달아야 한다.

6
10%보다
10배가 더 쉽다

　　10% 개선과 10배 개선 중 무엇이 더 어려울까? 둘 다 만만치 않다. 하지만 목표에 따라 접근법이 달라져야 한다. 아니, 달라질 수밖에 없다. 10% 개선은 기존의 방식과 프로세스를 다듬는 것으로 가능하다. 낭비 요소를 제거하고 효율을 높이면 된다. 그러나 10배 개선은 그런 식으로는 불가능하다. 전혀 다른 프레임으로 바라봐야 해법이 보인다. 동원하는 사고의 영역이 완전히 달라진다.

　　혁신은 개선의 차원이 아니라 개혁이나 변혁의 차원이다. 이를 잘 실천하는 이들이 사업가이고, 일론 머스크가 대표적이다. 그는 우주선을 띄워 사람들을 우주 여행시키겠다는 비전을 품었다. 그 비전 덕분에 우주여행 비용 원가가 10분의 1

이상 줄었다. 한 번 쓰고 버리던 우주선을 재활용하는 발상도 나왔다.

모든 것의 시발점은 생각이다. 비전이다. 그 사람이 지닌 꿈이다. 그것이 무르익으면 말이 되어 흘러나온다. 자신도 모르게 늘 그 얘기를 하게 된다. 그래서 사업을 하게 되는 것이다. 말은 곧 그 사람의 생각이다.

구글엑스는 교통 체증, 의료 접근성, 에너지 문제 등 인류가 직면한 거대한 문제들 자체를 재정의하고 전혀 새로운 해법을 제시하는 것을 목표로 했다. 기술의 점진적 개선이 아니라 문제 해결 방식 자체의 패러다임을 바꾸는 것을 도전했다.

10배 큰 목표는 10배 어려울 거라고 생각하지만, 때론 목표를 크게 잡는 편이 더 쉬울 때도 있습니다. 왜일까요? 10%를 개선하겠다고 마음먹으면 현 상태를 지키려 해요. 조금 더 잘해보려고 애쓰죠. 현 상태에서 출발해 기존의 가정과 툴, 기술, 프로세스를 그대로 유지하면서 약간만 더 개선해보려는 거예요. 지원이 있다 해도 그런 게임에선 이길 수 없어요. 그렇지만 10배를 개선하겠다고 생각하면, 기존의 가정을 유지할 수 없습니다. 기존의 법칙 따윈 버려야 해요. 관점 자체를 뒤집어야 합니다. 용기와 창의성으로 무장해야 합니다.

비슷한 도전으로 항공기 기술을 혁신하고《탑건 매버릭》에서 마하10을 돌파한 다크스타를 직접 디자인한 스컹크 웍스 팀 이야기를 다룬《스컹크 웍스》에 나오는 말이다. 10배의 도약을 꿈꿀 때, 비로소 진정한 혁신의 씨앗이 싹튼다. 기존의 틀을 깨는 용기, 새로운 시각으로 세상을 바라보는 창의성이 혁신의 토양이 되어준다.

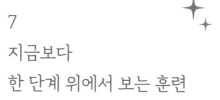

7
지금보다
한 단계 위에서 보는 훈련

사람을 평가하는 기준 중 하나는 사랑과 관심의 폭이다. 소인배는 자신과 가족 혹은 자기 부서에만 관심이 있다. 그 범위를 벗어나는 일에는 무관심하다. 내 일만 잘하면 된다고 여기며 다른 부서 일은 신경 쓰지 않는다. 하지만 '내 일'만 잘한다는 건 환상이다. 모든 것이 연결되어 있기 때문이다.

한 부서의 이익이 회사 전체에 해가 될 수 있다. 회사의 폐기물을 몰래 버리는 게 단기 이익에는 도움이 될지 모르지만 환경을 해친다면? 세상에 독립된 일이란 없다. 그 경계를 넘어 보는 눈이 필요하다. 그래야 결국 자신에게도 이롭다.

네덜란드의 ASML은 반도체 노광장비 분야에서 독보적인

1위다. 반도체와 디스플레이 기업이 공장을 지을 때는 가장 먼저 ASML을 찾는다. 아무리 공장을 지어도 ASML이 장비를 제때 공급해주지 않으면 가동이 불가능하기 때문이다. 그런데 광학 분야의 강자인 캐논과 니콘은 왜 ASML에 밀린 걸까?

"그들은 모든 걸 직접 하려고 했어요. 전체를 통합하는 것보다 내재화에 매달렸죠. 다양한 고객보다 인텔 같은 특정 고객에만 집중했어요. 그러다 보니 실험과 데이터가 부족해지고 새로운 개발 기회도 사라졌죠." 세리CEO 이우광의 분석이다. 쉽게 말해 오픈 이노베이션 대신 자기들끼리 다 해결하려다 실패했다는 얘기다.

개인이든 조직이든 국가든 사일로 효과를 경계해야 한다. 사일로는 원래 곡식 저장용으로 깊게 판 구덩이를 일컫는 말이다. 일종의 폐쇄주의다. 주변과 협력하지 않고 자기 틀에 갇히는 현상을 뜻한다. 문제가 생기면 담당 부서만 따지는 것도, 전체 효율을 위한 조직 개편에 필사적으로 반대하는 것도 모두 여기서 비롯됐다. 자기들끼리 모든 걸 해결하려는 편협한 태도다.

2008년 세계 경제위기로 전 세계가 공포에 휩싸였을 때, 런던정경대LSE를 방문한 엘리자베스 2세 여왕은 이렇게 물었다. "여기는 세계 최고의 석학들이 모인 곳인데, 어째서 아무도 이런 위기를 예견하지 못했나요?" 이 간단한 질문에 그 누구도 답하지 못했다.

이후 그들은 이렇게 해명했다. "금융시스템은 세분화되고 파생상품은 쏟아져 나왔지만, 거시경제학자들은 금융통계만 주로 보고 세부적인 금융 상황은 외면했습니다. 규제기관 역시 개별 은행은 감독했지만 비은행권은 살피지 않았지요. 그 결과 금융시스템이 부채 과잉에 시달리고 있다는 핵심을 모두 놓쳤습니다." 부분만 보느라 전체를 보지 못해 위기를 예견하지 못했고, 이런 실수는 앞으로도 반복될 수 있다.

세상에 "나만의 일"이란 없다. 모든 일은 서로 맞물려 있기에, 내 일이 누구의 일과 어떻게 연결되어 있는지, 그 속에서 내 일의 위치를 정확히 파악해야 한다. 이를 위해서는 한 단계 높은 관점에서 바라보는 훈련이 필요하다. 내 목표보다 상위 목표를 봐야 한다. 내 일은 이뤘지만 조직의 목표는 이루지 못하는 것과, 내 일은 다소 부진했지만 조직의 목표는 달성하는 것, 당신은 어느 쪽을 택하겠는가?

8
가짜 감정에
속지 마라

"죽고 싶지만 떡볶이는 먹고 싶어, 하마터면 열심히 살 뻔했다, 무례한 사람에게 웃으며 대처하는 법, 혼자 있고 싶은데 외로운 건 싫어, 나를 피곤하게 만다는 것들과 거리를 두는 대화법, 참는 게 죽기보다 싫을 때 읽는 책, 참아주는 건 그만하겠습니다…"

최근 몇 년 사이에 출간된 책들의 제목이다. 한마디로 다 귀찮고, 짜증 난다, 열심히 살라는 말은 하지 마라, 그냥 내버려두라는 메시지다. 이 정도면 지구를 떠나고 싶은 걸까?

위로, 힐링은 매우 힘들 때 가끔은 필요하지만 그게 삶의 엔진이 되어선 곤란하다. 왜 이리 살기가 버거울까? 왜 이리 사는 게 재미가 없을까? 왜 나를 짜증 나게 하는 건 많고 기쁘게 하는 건 적을까? 도대체 누구 탓일까, 마치 가해자를 찾는 듯하다. 그런데 아무리 생각해도 가해자가 누군지 모르겠다. 가해자는 없는데 피해자는 넘친다. 상처 준 이는 없는데 다들 상처받았단다. 도대체 무슨 일일까?

내가 보기에 이들의 힘겨운 감정은 '가짜 감정'이다. 남들이 이들을 힘들게 하는 게 아니라 스스로 힘들게 한다는 것이다. 고통의 근원은 사건이나 사람이 아니라 그것들에 대한 해석에 있다고 본다. 내 해석이 잘못됐기에 힘든 거다. 남이 동정한다고 내 문제가 해결되진 않는다. 내 짐은 내가 져야 한다. 그 누구도 대신 질 순 없다. 이 사실을 명확하게 해야 한다.

문제의 원인을 자신에게서 찾는 편이 유리하다. 혹시 아무것도 하지 않으면서 욕심만 큰 건 아닐까? 바꿀 수 없는 걸 바꾸려 들면서 바꿀 수 있는 건 게을리하고 있진 않나? 시간을 잘못 쓴 건 아닐까? 헛되이 흘려보낸 시간이 내게 복수하는 건 아닐까? 이런 질문을 한번 던져보는 것은 어떨까?

변화는 철저한 반성에서 시작된다. 냉정하게 되돌아보라. 시간을 되감을 수 있다면 무엇을 어떻게 바꾸겠는가? 지금처럼 살면서 내가 바라는 삶을 살 수 있겠는가?

9
실패가 가치 있으려면,
새로운 시도여야 한다

실패에 관용을 베풀라는 말, 자주 듣는다. 하지만 그 말이 모든 실패에 해당하는 건 아니다. 실패에는 크게 두 부류가 있다. 똑같은 걸 반복하다 실패하는 '반복된 실패'와 새로운 것을 시도하다 맞닥뜨린 '도전적 실패'가 그것이다.

반복된 실패는 별 가치가 없다. 그건 습관이고 부주의의 결과일 뿐이다. 매번 같은 실수를 저지르는 것은 일을 대충 한다는 것 말고는 아무것도 아니다. 한 번 실패했던 방식을 그대로 되풀이하는 것은 배우지 않고 성장하지 못했다는 증거다.

애플의 스티브 잡스는 수많은 실패를 경험했지만, 그의 실패는 늘 새로운 도전 속에서 일어났다. 아이폰을 만들기 전 실패한 뉴튼PDA, 아이팟 이전의 실패작 파이프플레이어 등,

그의 실패는 언제나 혁신을 향한 새로운 시도였다. 그래서 그의 실패는 가치 있는 실패가 될 수 있었다.

관용을 베풀어야 할 실패는 새로운 도전을 하다 겪은 실패다. 엄밀히 말해 이건 실패가 아니다. 새로운 시도의 과정이다. 이런 실패 속에는 항상 배움이 있고 성장이 있다. 실패하더라도 그 경험은 다음 도전의 밑거름이 된다.

실리콘밸리의 창업 문화가 대표적이다. 그들은 "빠르게 실패하고, 더 빠르게 학습하라"Fail fast, learn faster를 모토로 삼는다. 하지만 이때의 실패는 무조건적인 실패가 아니다. 새로운 아이디어를 시도하다 실패하고, 그 경험을 바탕으로 더 나은 방향을 찾아가는 과정을 의미한다.

반복된 실패에는 엄격해야 한다. 반면 새로운 시도에는 관대해야 한다. 그래야 거리낌 없이 새로운 도전을 계속할 수 있다. 자율성이 높아지고 주도적으로 일할 수 있다.

결국 가치 있는 실패, 격려받아 마땅한 실패는 새로운 도전 속에서 피어난다. 실패를 두려워하지 말되, 같은 실패를 반복하지 않는 것. 실패 자체가 아니라 그 실패가 얼마나 새로운 시도였는지를 평가하는 것. 그것이 실패를 성장의 기회로 만드는 지혜다.

10
집착할수록
멀어지는 것들

할리우드 배우 매릴 스트립은 젊었을 때나 나이 들어서나 그 시기에 걸맞은 역할을 훌륭히 소화하며 다채로운 면모를 선보인다. 무엇보다 자연스러운 모습 그대로의 얼굴이 매력적이다. 반면 한국 연예인 중에는 성형 수술로 얼굴이 망가진 이들이 적지 않다.

외모가 중요한 직업인 만큼 외모에 집착해 성형하는 것은 어느 정도 이해할 만하다. 늙어가는 자신의 모습을 받아들이기 싫고, 조금이라도 아름다워지고 싶었을 것이다. 하지만 결과는 전혀 그렇지 않다. 그들은 표정으로 먹고사는 직업이다. 감정을 다양한 표정으로 표현해야 하는데, 얼굴에 메스를 대는 바람에 모든 게 어색해졌다. 얼굴 근육이 제대로 움직이지 않는 것 같다.

그들을 볼 때면 안타까움이 밀려온다. 젊은 시절 내가 좋아했던 연예인이 부자연스러운 모습으로 등장하면 무의식중에 채널을 돌리게 된다. 도대체 어떤 생각으로 저런 선택을 했는지, 지금의 결과에 만족하고 있는지 정말 궁금해진다.

뭐든 집착하는 건 좋지 않다. 집착한다고 얻는 것도 없다. 돈을 좇는다고 돈이 생기나? 오히려 오던 돈마저 달아날 수 있다. 사랑에 집착해 사랑하는 이의 집 앞에 죽치고 있다고 사랑이 올까? 그런 집착은 사랑이 아니라 스토킹일 뿐이다. 세상에 스토커를 사랑하는 사람은 없다.

얼굴도, 건강도 마찬가지다. 자기 얼굴에 집착할수록 얼굴은 망가지고, 건강에 집착할수록 건강은 나빠진다. 우리가 집착하는 것들은 우리에게서 멀어져 간다. 자연스러운 모습으로 나이 들어가는 것이 얼마나 멋진 것인지 매릴 스트립에게서 배운다. 있는 그대로의 자신을 받아들이는 것, 그것이 진정한 아름다움 아닐까.

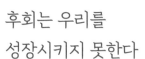

11
후회는 우리를
성장시키지 못한다

"마흔에 이런저런 것을 알았더라면…", "젊어
진다면 이렇게 살걸" 같은 톤으로 말하는 자기계발서들이 많
다. 인생의 후반부에서 과거를 돌아보며 후회하는 이들의 이
야기다. 하지만 이런 조언들은 대개 이미 우리가 알고 있는
것들이다.

부모님께 효도하지 못한 것을 후회한다고? 부모님의 소중
함을 몰랐던 게 아니라, 당시의 우리는 다른 선택을 할 만한
여유나 지혜가 부족했던 것이다. 젊을 때 더 공부할걸 하는
후회? 그땐 그만한 이유가 있었다. 우리는 각자의 시기에 각
자의 최선을 다했다.

베풀며 살지 못한 것을 후회한다는 말도 마찬가지다. 그땐

그만큼의 마음의 여유와 성숙함이 없었다. 시간을 되돌린다고 해서 다른 선택을 할 수 있을까? 우리는 시간과 경험을 통해 조금씩 성장하는 존재다.

과거의 후회는 현재의 우리를 성장시키지 못한다. 마치 이미 떠난 기차의 시간표를 들여다보는 것과 같다. 그보다는 미래의 관점에서 현재를 바라보는 게 더 생산적이다. 5년 뒤의 내가 지금의 나를 어떻게 평가할까? 어떤 선택을 칭찬하고, 어떤 결정을 아쉬워할까?

이런 시각은 우리의 현재를 더 의미 있게 만든다. 과거의 실수를 후회하며 발목 잡히는 대신, 미래의 시선으로 오늘을 바라보자. 내일의 내가 자랑스러워할 선택은 무엇일까? 그 모습에 어울리는 현재를 만들어가는 데 집중하자. 그것이 진정한 성장의 시작점이다.

후회는 과거의 그림자가 아닌, 미래를 위한 나침반이 되어야 한다. 지난날의 선택을 되돌아보는 대신, 앞으로 만들어갈 선택에 더 많은 에너지를 쏟자. 미래의 내가 현재의 나를 자랑스럽게 생각할 수 있도록, 오늘 하루를 의미 있게 채워나가는 것. 그것이 진정한 인생의 지혜다.

12

불편함이 주는 생기

"살려고 하는 자는 죽고, 죽고자 하는 자는 산다"는 말이 있다. 역설적이지만 진리 중 진리라 할 만하다. 몸을 지나치게 아끼며 편안함만 찾고 움직이길 꺼리는 이는 병들기 마련이고, 몸을 자주 움직이며 힘들게 하는 사람은 오히려 건강해진다. 운동이 바로 그렇다.

힘든 근육 운동을 할 때면 정말 죽을 것 같다. 숨이 차오르고, 근육이 찢어질 듯 아프다. "내가 왜 아침마다 이런 고행을 하나" 싶기도 하다. 그러나 운동이 끝나면 모든 것이 달라진다. 활력이 넘치고 하늘을 날 것만 같은 기분이다. 그 짜릿함에 매일같이 고된 운동을 하는 것이다. 표정 없이 축 처진 어깨로 들어갔다가도 부활한 기분으로 생생하게 나온다.

몸을 쉬게 한다며 온종일 소파와 한 몸이 되어 있으면 어떨까? 한두 시간은 좋겠지만 점점 몸은 나른해지고 머리는 아파온다. 쉬는 게 오히려 몸을 망치는 셈이다.

나이가 들면 사람들은 노화에 대한 얘기를 많이 한다. 아프지 않은 데가 없다며 만나기만 하면 건강 얘기뿐이다. 하지만 정작 운동은 하지 않는다. 건강에 대해 많이 말하면 건강해진다고 여기는 걸까?

내가 생각하는 운동은 중력에 대한 저항이다. 사즉생의 실천이다. 단기적으론 몸을 힘들게 하지만, 그로 인해 몸은 다시 살아난다. 건강하게 살고 싶은가? 그렇다면 죽기 살기로 운동하라. 운동하면 살고, 몸을 편히 하면 죽는다.

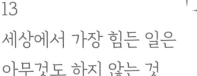

13
세상에서 가장 힘든 일은
아무것도 하지 않는 것

요즘 사람들은 가만 있지 못한다. 오죽하면 멍 때리기 대회를 열겠는가? 그만큼 혼자 가만히 있는 시간이 필요하다는 증거다. 이를 위해서는 아예 아무런 약속과 일정이 없는 나만의 시간을 만들어야 한다. 다른 약속이 잡히기 전에 일정을 비우는 것이다. 물론 쉽지 않다. 나도 모르게 일정을 잡으려고 한다. 이럴 때는 질문을 던져보라. "내가 이걸 꼭 해야만 하는가? 이걸 정말 하고 싶은가?" 대개는 꼭 할 필요는 없는 일이다. 다음은 거절을 잘하는 것이다. 내가 없어도 세상은 잘 돌아간다는 사실을 기억하면 가능하다.

세상에서 가장 힘든 일은 아무것도 하지 않는 것이다. 아무것도 하지 않는 게 사실 가장 힘든 일이다. 아무것도 하지 않는 것의 대표선수는 잠자는 것이다. 잠은 아무것도 하지 않는 것 같지만 실상은 우리 몸과 마음에 활력을 불어넣는 소중한 시간이다.

우리는 잠을 자면서도 배운다. 편안히 쉴 때 우리 몸은 놀라울 정도로 활발히 활동을 한다. 아무것도 하지 않는 것 같지만 우리 몸은 회복과 재생에 전념하며, 기억력과 자신감, 창의력을 끌어올린다. 잠은 의식의 소실이 아니라 새로운 의식의 탄생인 셈이다. 낮에 습득한 것들을 내면화하는 신비로운 과정이 잠 속에서 일어난다. 잠은 가장 큰 기쁨이고 즐거움이다. 슬픔을 이기게 해주는 친구다. 푹 자고 나면 다른 사람이 된 것 같은 기분을 맛본다. 한결 상쾌하고 너그러워지며 생산적이 된다.

진정한 휴식이란 쉴 때는 온전히 쉬고, 일할 때는 집중해서 일하는 것이다. 온과 오프가 명확한 것이다. 때로는 아무것도 하지 않고 나만의 시간을 갖는 것이다. 요즘 사람들이 힘든 것은 잠시도 자신을 가만히 놔두지 않기 때문이다. 제대로 된 휴식이 우리에게 필요한 시점이다.

14
쓸모에 대한
상대성이론

예전에 내가 모셨던 상사는 유복자였다. 아버지가 6·25 때 돌아가시는 바람에 어머니가 그분 하나만 보고 사셨고 어머니의 기대대로 회사에서 승승장구했다. 문제는 그가 너무 바쁜 것이었다. 연구소 전체 책임을 지고 1년에 절반 이상을 해외에 있었다. 그러다 어머니가 암으로 세브란스에 입원했는데 병원에 갈 시간조차 내기 어려웠다. 할 수 없이 스탭인 내가 그분을 대신해 병문안을 몇 번 했는데 어머님이 이렇게 말씀하셨다. "원 참, 그놈 보는 게 대통령 보는 것보다 더 힘드네." 그러다 얼마 후 어머니가 돌아가셨고 상사는 천하에 이런 불효자가 없다며 서럽게 울었다. 오래전 일이지만 기억이 생생하다.

난 그때 '쓸모'에 대해 많은 생각을 했다. 도대체 쓸모가 있다, 없다는 기준이 무엇일까? 그분의 경우는 회사에서 너무 쓸모가 있기 때문에 어머니에게는 쓸모없는 아들이 되고 말았다. 한쪽에는 쓸모가 있지만 다른 한쪽에서는 쓸모가 없게 되었다.

반대도 흔하다. 결혼 안 하고 독신으로 살다가 부모의 걱정이 됐던 자식이 부모님이 연로하면서 효자가 되는 경우도 있다. 한때는 쓸모없다고 여겨졌던 그 독신이 어느새 부모에게 가장 쓸모 있는 존재가 된 것이다.

그러므로 함부로 쓸모를 판단하는 것은 위험하다. 지금 쓸모 있어 보이는 것도 시간이 흐르면 쓸모없어질 수 있다. 또한 나에게는 쓸모 있지만 다른 이에게는 쓸모없을 수 있다. 세상에 진정 쓸모없는 것은 없다. 쓸모의 가치는 상황과 관점에 따라 달라진다.

15
무조건적 신뢰의
함정

상사와 동료의 신뢰와 지지를 얻는 것이 항상 좋은 일은 아니다. 사실 그들의 말은 그저 말일 뿐, 실체 없는 허상에 불과할 수 있다. "널 믿는다"는 말 뒤에는 때로 책임을 전가하려는 속내가 숨어 있기 마련이다. 즉, 너를 믿는 대가로 너는 몸과 마음을 바쳐 일해야 한다는 뜻이다. 그들은 짐을 떠넘김으로써 홀가분해지는 것이다.

결국 이런 식의 믿음은 자신의 책임을 타인에게 떠넘기는 행위에 지나지 않는다. 스스로 감당해야 할 일을 '믿는다'는 명목으로 다른 사람에게 미루는 무책임한 행동이며, 그것은 사실상 게으름의 또 다른 얼굴일 뿐이다.

그렇다면 진정한 믿음이란 무엇일까? 그것은 결과와 무관하게 변함없는 마음을 끝까지 지키는 것이다. 설령 상대가 배신하고, 일을 망치고, 빌려간 돈을 갚지 않아도 한결같은 신뢰를 보내는 것, 그것이 진짜 믿음이다. 거의 신앙에 가까운 수준의 믿음이라 할 수 있다. 그런 각오가 없다면 "널 믿어"라는 말은 입에 담지 않는 게 좋다.

누군가에게 배신당했다는 말을 종종 듣는다. 하지만 잠깐, 누가 잘못한 걸까? 애초에 그런 사람을 믿은 내가 잘못일까, 아니면 그 사건의 본질이 따로 있는 걸까? 사실 배신이란 존재하지 않는다. 단지 우리가 그 사람을 잘못 판단했고, 이제야 그 실체를 깨달은 것뿐이다.

그러니 함부로 누군가를 믿는다면서 자신의 책임을 떠넘기진 말자. 어설픈 신뢰로 게으름과 나태함을 포장하지 말자. 확인할 일은 직접 확인하고, 처리할 일은 스스로 해결하자. 무조건적 신뢰는 오히려 독이 될 수 있음을 명심하자.

16
용서의 역설:
기억해야 자유로워진다

사람들은 종종 "다 잊고 용서하라"고 말한다. 하지만 정말 마음먹은 대로 잊을 수 있을까? 오히려 잊으려 할수록 기억은 더 또렷해지기 마련이다. "다 잊었어"라는 말 자체가 사실은 아직 잊지 못했음을 뜻한다. 진정 잊었다면 떠올릴 일조차 없어야 한다.

잊는다는 것은 쉽지 않다. 특히 의미 있는 사건일수록 더욱 그렇다. 잊힐 순 있어도 잊을 순 없는 법이다. 까맣게 잊었던 일이 문득 떠오르기도 한다. 결국 망각이란 우리 의지와는 무관한 것이다.

설령 잊을 수 있다 해도, 그것이 곧 용서일까? 용서容恕의 한자를 보면 "담다, 받아들이다"는 뜻의 '용容'과 "마음이 같다"는 뜻의 '서'(恕, 같을 如에 마음 心)가 합쳐져 있다. 즉, 용서란 마음의 평정을 되찾는 것이다. 단순히 잊어버리는 게 아니라, 그 일을 떠올려도 동요하지 않는 것이 진정한 용서인 셈이다.

《심리학이 어린 시절을 말하다》(우르술라 누버 지음, RHK)에는 이런 구절이 있다. "당신이 의식적으로 기억하고 용서하면, 과거는 사라지지 않고 여전히 존재하지만 있어야 할 곳, 즉 과거로 추방된다. 그럼으로써 과거는 현재에 대한 지배력을 잃는다." 그러므로 용서하려면 오히려 기억해야 한다. 자꾸 떠올리되, 원망이나 한탄에 빠지지 말고 객관적으로 바라봐야 한다. 상처받은 순간의 감정을 있는 그대로 직시하고 받아들여야 한다.

나아가 상대방의 입장도 헤아려 봐야 한다. 그가 그랬던 이유는 무엇일까? 이해하려 노력하다 보면 어느 순간 안타까움이 밀려온다. 비록 그 행동이 잘못되긴 했어도, 그 심정만큼은 공감이 가는 것이다. 그렇게 되면 상대가 밉기보다 불쌍해 보인다. 상대가 불쌍해지는 순간 내 마음에 조금씩 안정이 찾아온다. 평정심이 생긴다.

그 일을 떠올려도 더는 마음이 요동치지 않을 때, 비로소 용서에 이른 것이다. 용서는 상대방을 위한 게 아니라 바로 나를 위한 것이다. 불현듯 기억나도 아프지 않게 되는 것, 그것이 용서의 완성이다. 잊으려 하면 오히려 용서할 수 없다. 떠오를 때마다 제자리로 돌아가게 된다.

용서하기 위해선 기억하고, 받아들이고, 이해하고, 동정해야 한다. 그래야만 문득 스쳐도 내 감정에 흔들림이 없다. 용서는 결국 내 마음의 평화를 위한 것이다. 평정심을 회복하는 것, 그것이 참된 용서다.

17
비관적 낙천주의자로
살아간다는 것

　　많은 이들이 자신의 장점이 '낙천적이고 긍정적'인 것이라고 말한다. 그럴 때마다 나는 "긍정적이란 말을 어떻게 정의하는지" 묻고 싶어진다. 단순히 모든 게 잘될 거라 믿는 맹목적 낙관주의? 인생이 늘 순탄할 거란 환상? 아니면 불편한 현실은 그저 외면하는 것?

　　나는 어떤 사람일까? 긍정적이기보다는 부정적인 면이 더 강하다. 근거 없는 기대는 하지 않는다. 지금까지의 경험으로 봐도 그렇고, 앞으로도 쉽지 않을 거란 걸 안다. 누군가 "잘될 거야"라고 하면, 그 이유부터 묻는다. 부정적인 상황이 닥쳤을 때, 이를 반전의 계기로 삼을 방법을 모색한다. 안 좋은 일이 덜 일어나도록 내가 할 수 있는 일을 찾아 미리미리 실행에 옮긴다.

남에게 일어나는 불행은 나에게도 얼마든지 닥칠 수 있다. 다만 사전에 대비한다면 그 확률을 조금은 낮출 수 있을 뿐이다. 내가 보기에 근거 없는 낙관주의자는 어떤 면에서 게으르거나 현실을 직시하지 않는다. 문제를 정면으로 마주하고 마땅히 해야 할 일을 하기보다는, 자신이 하는 일은 반드시 잘될 수밖에 없다는 근거 없는 믿음으로 자신을 보호하려 한다. 평소 운동은 안 하면서 특별한 노력 없이 건강을 자신하는 이들과 다를 바 없다.

그러던 중 김성근 감독의 책《인생은 순간이다》를 읽고 공감되는 구절을 발견했다.

태생이 긍정적인 사람은 부정적인 상황이 오면 당황한다. 처음 자기 머릿속에 구상하지 않았던 게 나타나니 문제를 해결할 방법을 찾지 못해 우왕좌왕하며 얼뜨기같이 굴다가 십중팔구 거기서 다 무너진다. 그러나 처음부터 부정적으로 생각하고 온갖 상황을 미리 상상해놓는 사람은 부정적인 상황이 와도 전혀 당황하지 않는다. 상대방이 안타를 치든 말든 내 표정이 바뀌지 않는 이유다. 위기가 와도 그냥 왔구나 생각한다. 그 순간 당황하는 대신 방법을 찾으려고 애쓴다. 나는 부정적인 사람이다. 부정적인 걸 긍정적으로 만들어가는 게 내 인생이다. 비관적 낙천주의자인 셈이다. 야구를 할 때 늘 최악의 상황을 가정한다. 홈런 맞으면? 실책이 나오면 어떻게? 이번 투수가 점수를 못 지키면… 어머어마하게 상상한다. 이것 자체만 보면 비관이다. 하지만 이 문제를 해결하는 방법까지 생각하면 엄청난 낙천주의자가 된다. 비관을 역전시킬 최상의 방법을 준비한다. 그럼 역설적으로 위기가 오지 않는다. 그게 내가 생각하는 위기관리다. 아예 위기가 오지 않게 만드는 것이다. 무슨 일이 생기든 흔들리지 않는다. 아무리 좋은 상황이 와도 기뻐하거나 낙관하지 않는다. 이길 때는 비관주의자, 질 때는 낙천주의자.

당신은 어떤가? 긍정적이라고 자부한다면, 그 믿음의 근거는 무엇인가? 단순한 낙관이 아닌, 치밀한 준비와 대비가 뒷받침된 진정한 긍정성을 가졌는가?

18
불확실성을 껴안을 때
미래가 열린다

네덜란드 사회학자 홉스테드는 불확실성 기피 지수UAI: Uncertainty Avoidance Index를 소개했다. 말 그대로 불확실성을 회피하는 경향을 나타내는 지표다. 흥미롭게도 한국은 이 지수가 꽤 높은 편이다.

역설적이게도, 불확실성을 잘 견디면 미래가 오히려 확실해진다. 대기업, 공무원, 모두가 선망하는 직장에 가는 게 과연 그렇게 좋을까? 이런 사회는 늘 초조하고 불안하다. 바쁘고 안절부절못하며 감정적이고 공격적이다. 쉴 틈 없이 무언가를 해야만 직성이 풀린다. 선과 악, 자신과 타인을 뚜렷이 구분 짓고 외국인을 거부하는 경향도 크다. 이런 사회에서는 혁신이 잘 나오지 않는다.

불확실성을 인정하는 사회는 미래를 지나치게 걱정하지 않는다. 실패를 두려워하지 않고 도전하며, 과정 자체를 즐긴다. 결과보다는 자신이 하고 싶은 일에 집중하고, 남들의 시선에서 자유롭다. 이런 문화에서 실패는 패배가 아닌 성장의 발판이 된다.

불확실성을 받아들이는 태도는 개인의 발전 가능성도 넓힌다. 안정에만 집착하면 새로운 기회는 멀어진다. 익숙한 것에만 안주하면 급변하는 세상의 흐름에서 도태된다. 반면 불확실성을 두려워하지 않는 사람은 기회를 먼저 발견하고 선점할 수 있다.

결국 불확실성을 받아들이는 용기가 더 탄탄한 미래를 만든다. 애초에 미래란 불확실한 것이다. 그러니 이를 회피하기보다 적극적으로 활용하는 편이 낫다. 불확실성은 위험이 아닌 새로운 가능성의 시작이다. 불확실성을 피하지 않고 정면으로 마주할 때, 비로소 진정한 기회가 열린다.

19
허들은 넘는 것이지
피하는 것이 아니다

삶은 끊임없는 허들 넘기다. 높은 허들과 낮은 허들의 차이만 있을 뿐이다. 세상은 늘 순탄한 길만 내어주진 않는다. 순탄해 보이는 길에서도 어느 순간 예기치 못한 난관에 부딪힌다. 쉬운 길은 대개 결말이 좋지 않다. 반면 허들은 명쾌하다. 크게 숨을 들이쉬고 훌쩍 뛰어넘으면 고비 하나를 넘길 수 있고, 몇 번 넘다 보면 실력도 느는 동시에 자신감도 생긴다.

누구나 허들을 상대해야 한다. 허들은 넘기 위해 있는 거지 피하라고 있는 게 아니다. 우리 인생도 마찬가지다. 장애물을 극복해야 게임이 마무리된다. 이리저리 잘 빠져나간다고 해서 해결되는 일은 없다.

스포츠의 허들 경주와 인생의 허들 경주에는 차이가 있다. 스포츠 경기에선 허들을 피하면 실격 처리된다. 하지만 인생에선 실격으로 그치지 않는다. 그렇게 운 좋게 한두 번 피할 순 있겠지만, 점점 더 크고 높은 장애물이 나타나 결국 이를 감당하지 못하고 헐떡거리다 패배자로 낙인찍히고 만다.

스포츠의 허들 경주는 들어오는 순서에 따라 순위가 매겨지지만, 인생의 장애물 경주는 순위보다는 끝까지 달리는 게 관건이다. 허들을 피해 달리는 게 아니라, 허들을 넘으며 달려야 한다. 넘어지고 다시 일어서는 과정에서 우리는 성장하고 단련된다. 허들을 넘으면서 인생 경주가 진행되는 것이다.

허들을 마주할 때마다 우리는 새로운 기술을 배우고, 더욱 단단해진다. 장애물은 때로 우리를 멈추게 만들지만, 바로 그 멈춤 속에서 우리는 자신의 내면과 마주하며 진정한 도약을 준비한다. 결국 인생의 허들 경주는 스스로를 단련하며, 자기 자신과의 싸움에서 승리하는 과정이다.

20

잘 듣기만 해도
문제가 풀린다

컨설팅은 고객의 문제를 진단하고 해결책을
제시하는 것이 핵심이다. 하지만 사실 고객 스스로 문제와 답
을 알고 있는 경우가 많다. 그럼에도 비용을 들여 컨설팅을
받는 이유는 경영진을 설득하기 위해서다. 그렇다면 더 효과
적인 방법은 없을까?

〈칼 웨익이 들어드립니다〉라는 프로그램이 그 힌트를 준
다. 이 프로그램은 그저 칼 웨익 교수가 경영자들의 고민을
귀담아들어 주는 것이 전부다. 여기에선 파워포인트 같은 시
각 자료도 사용하지 않는다.

참석자들은 대부분 임원급이다. 그들은 둥글게 앉아 자신
의 아이디어, 오랜 숙제, 다양한 고민거리를 교수에게 털어놓

는다. 교수는 그저 경청할 뿐이다. 정말 듣기만 한다.

흥미롭게도 세션이 끝나면 수강생들은 의문이 풀렸다며 만족감을 표한다. 무언가 깨우친 듯한 반응을 보이는 것이다. 이들 대부분은 웨익 교수의 책을 읽고 그의 논리와 주장에 대해 이미 알고 있는 사람들이다. 그런데 왜 이런 일이 일어날까?

바로 전문가 앞에서 자기 이야기를 하는 과정에서 생각이 저절로 정리되기 때문이다. 말하는 행위 자체가 문제 해결의 실마리가 되는 셈이다. 듣는 것만으로도 문제가 풀린다는 말은 역설적이게도 말하는 이가 문제의 해답을 이미 품고 있음을 시사한다. 우리는 종종 답을 알면서도 그것을 말로 표현하기 전까지는 눈치채지 못한다.

해결책은 때론 먼 곳에 있지 않다. 누군가 귀 기울여 들어주는 것, 그리고 자신의 생각을 입 밖에 내는 것. 이 두 가지만으로도 우리는 스스로 문제를 풀어낼 힘을 얻는다. 진정한 소통의 힘은 여기에 있는 게 아닐까. 듣는 이는 또 하나의 나가 되어 내 안의 혼란을 정리하도록 도와주는 것. 그리고 말하는 나 역시 내 안의 지혜를 끌어내는 것이다.

21
부부간의 친밀감을
유지하려면

　　'부부유별'夫婦有別이란 말은 원래 부부 사이에
지나친 친밀함과 일체감은 바람직하지 않으니 적절한 구분이
필요하다는 뜻이다. 하지만 나는 이를 다른 관점에서 해석하
고 싶다. 부부간의 친밀감을 유지하기 위해서는 역설적이게
도 어느 정도의 거리가 필요하다는 것이다.

　　물론 부부는 서로에 대해 잘 알아야 한다. 그러나 상대가
원치 않는 것까지 굳이 알려고 해서는 안 된다. 부부라고 해
서 프라이버시를 무시해선 안 된다는 얘기다. 개인의 영역을
존중하면서도 함께 어울릴 줄 알아야 한다.

　　부부가 일심동체라는 말은 곰곰이 생각해볼 필요가 있다.
나 자신도 온전히 알기 어려운데, 어떻게 남을 나와 동일시

할 수 있겠는가? 한 인간 안에도 다양한 모습이 공존하는데, 두 사람이 만나 한마음이 된다는 건 지나친 기대 아닐까? 이런 일심동체의 환상에 사로잡혀 모든 것을 공유하며 한 몸처럼 살다 보면 어느새 이혼의 기로에 서게 될지도 모른다. 많은 문제의 원인은 잘못된 기대에서 비롯된다.

대인관계의 비결은 적절한 거리두기에 있다. 특히 부부 사이에선 더욱 그렇다. 서로의 영역을 인정하고, 개입이 필요한 순간과 그렇지 않은 순간을 구분하는 지혜가 필요하다. 부부 간 문제가 생기는 것은 몰라도 되는 것까지 알려고 하기 때문이다. 부부라는 이유로 모든 걸 공유하려 들지 말자. 적절한 거리를 유지할 때 오히려 건강한 관계가 유지될 수 있다.

22
쓸데없음의 쓸모: 무의미해 보이는 순간들이 빚어내는 가치

어릴 적에 자주 "쓸데없는 짓 말고 공부나 하라"는 잔소리를 들었다. 태생적으로 시시껄렁한 얘기를 하며 노는 걸 좋아했는데 어른들은 그걸 싫어했다. 왜 남자가 채신머리없이 그러냐는 것이었다. 그렇다면 공부만 쓸모 있는 일이고, 나머지는 모두 쓸모없는 걸까?

사실 이 둘을 명확히 구분 짓기란 쉽지 않다. 때로는 무의미해 보이는 일이 오히려 더 가치 있을 수 있다. 사업 미팅에서도 마찬가지다. 처음부터 본론을 꺼낼 순 없지 않은가? 잡담으로 풀어가다 본격적인 얘기로 넘어가는 게 자연스럽다.

따라서 동료와 나누는 실없는 농담과 유쾌한 수다는 쓸모없어 보이지만 사실은 꽤 쓸모 있는 일이다. 서로에 대한 이해가 깊어지고, 창의적인 아이디어도 떠오른다. 노는 것 같지만 실은 일하는 것이다. 이런 잡담이 생산성을 높이는 비결이 될 수 있다. 그래서 일부 회사에선 커피 머신을 탕비실이 아닌 사무실 한가운데에 둔다. 자연스레 직원들 간 소통이 늘도록 유도하는 것이다. 딱딱한 회의 시간을 줄이고 부드러운 접촉 시간을 늘리는 것도 방법이다.

나는 언제나 어떤 것을 구분할 때 특히 주의한다. 애매한 것을 억지로 나누려 들면 위험할 수 있기 때문이다. 선과 악, 좋아하는 것과 싫어하는 것 모두 그렇다. '음중양 양중음'陰中陽 陽中陰이라는 말이 이를 대변한다. 음 안에 양이, 양 안에 음이 있다는 뜻이다. 쓸데없어 보이는 일 속에 쓸모가 숨어 있는 법이다.

지나치게 쓸모에 집착한다면 되려 스스로 쓸모를 잃어버릴 수 있다. 무의미해 보이는 일상의 작은 순간들이 만들어내는 소중한 가치를 놓치지 않는 것, 그것이 진정 쓸모 있는 삶을 사는 길이 아닐까?

23
앞이 보이지 않으니
살아가는 것이다

"앞이 보이지 않는다"는 말을 들으면 문득 이런 생각이 든다. 사실 인생이란 원래 앞을 내다볼 수 없는 것 아닌가? 만약 앞날이 훤히 보인다면 우리는 살아갈 수 있을까? 내년에 암 선고를 받을 것을, 다음 주에 교통사고를 당할 것을, 지금 열심히 준비 중인 시험이 결국 물거품이 될 것을 미리 안다면 어떨까? 아마도 포기하고 말 것이다.

문제는 앞이 안 보이는 게 아니다. 오히려 앞을 모르기에 우리는 살아갈 힘을 얻는다.

골프도 마찬가지다. 한 번은 안개 낀 새벽, 골프장에 나갔다. 앞이 보이지 않아 마음껏 휘둘렀더니 공은 제법 멀리 날아갔다. 알고 보니 그 앞에는 큰 해저드가 도사리고 있었다.

이를 알았더라면 조심스레 스윙했을 테고, 그랬다면 제대로 된 샷을 하지 못했을 것이다. 그래서일까, 지인 중 한 명은 안개 낀 날이 가장 좋은 성적을 낸다고 귀띔하기도 했다. 시각 장애인이 골프를 잘 친다는 농담 또한 이와 일맥상통한다. 앞을 볼 수 없기에 헤드업을 하지 않고 집중하기 때문이다.

앞이 보이지 않는 것이 오히려 축복일지도 모른다. 그것이 우리를 살게 하는 원동력이 되기도 한다. 앞이 보이지 않기에 걸어갈 수 있고, 꿈꿀 수 있으며, 도전할 수 있는 것이다.

24
목표를 잊어야
목표에 다가간다

사우스웨스트항공의 허브 캘러허는 면접에서 한 지원자에게 직업적 목표를 물었다. 짐 파커라는 지원자는 "솔직히 구체적인 목표는 없습니다"라고 답했다. 그러자 캘러허 회장은 환한 미소와 함께 악수를 청하며 "당신이 바로 내가 찾던 사람이오"라고 말했다.

《평범했던 그 친구는 어떻게 성공했을까》(토마스 A. 슈웨이크 지음, 위즈덤하우스)에 따르면, 성공한 기업인 100명 중 '사장'이라는 목표를 세운 사람은 거의 없었다. 대부분 열심히 일하다 보니 어느새 사장이 됐을 뿐이다.

회사에서 대놓고 사장이 되겠다는 사람들이 있다. 그것도 남들이 인정할 만한 능력도 없이 말이다. 구체적이고 확실한 목표는 오히려 장기적 성공에 걸림돌이 된다. 유능한 이들이 흔히 저지르는 실수가 바로 "특정 시점에 어떤 자리에 오르겠다"는 야망을 품는 것이다. 그러면 주위 사람들이 경계하고, 불필요한 경쟁자만 생긴다. 유연성도 떨어진다.

박완서의 소설 《즐거운 복희씨》를 읽으며 이런 깨달음을 얻었다. "목표 없이 사는 게 가장 높은 경지 아닐까? 그저 일을 즐기고 사랑하다 보면 자연스레 지위도 높아지고 부도 따라오는 것, 바로 그런 삶이 아름답지 않을까?"

이사무애理事無涯, 즉 논리와 일에 걸림이 없는 상태가 최고의 경지다. 때론 목표에 대한 의식 자체가 독이 될 수 있다. 목표를 인지하는 순간 욕심이 개입하고 즐거움이 사라진다. 의식적으로 행동하면 자연스러움을 잃게 된다. 사장을 목표로 하는 사람이 그렇다. 그는 일을 즐기면서 할 수 없다.

진리는 모순처럼 보인다. 목표가 중요하다는 건 자명하다. 하지만 목표에 지나치게 매몰되는 건 역효과만 부른다. 목표는 마음속에 품되, 일상은 그저 즐기며 살아가는 것. 지금 이 순간, 눈앞의 사람에게 온전히 집중하는 것이 더 나은 길이다.

높은 산을 오를 때 정상만 바라보면 지쳐 쓰러지기 십상이다. 그저 앞사람 뒤꿈치만 밟으며 묵묵히 걸어가는 것이 현명하다. 큰 목표는 가슴에 품되, 매 순간을 충실히 살아가자. 그것이 역설적이게도 목표에 다가가는 지름길이다.

25
사람은 평등할까:
차이 인정이 평등의 시작

　　우리는 모두 평등할까? 적어도 신 앞에선 그렇다고 하지만, 현실은 다르다. 우리는 각자 다른 재능을 지니고 있다. 어떤 이는 공부에 능하고, 또 어떤 이는 운동 신경이 뛰어나다. 우리가 느끼는 열등감은 남의 장점과 내 단점을 비교할 때 생긴다. 그리고 그 결과가 바로 위화감이다.

　　위화감이란 정확히 무엇일까? 가난한 사람이 호화로운 저택을 볼 때 느끼는 감정이 위화감이다. 영어로는 'discomfort'나 'unease'로 표현하지만, 뭔가 부족하다. 위화감違和感은 우리만의 정서를 담은 말 같다. 한자를 보면 '다를 위'違에 '조화로울 화'和가 합쳐진 말이다. 조화를 깨뜨리는 감정인 셈이다. 한성열 교수는 이렇게 말한다.

위화감은 개인적 열등감의 산물이다. 자신감이 있으면 차이를 인정할 수 있다. '그래 저 사람과 나는 달라' 하고 인정하면 그뿐이다. 하지만 자신감이 없는 사람일수록 사소한 것에 목숨을 거는 법이다. 나는 당신과의 차이를 절대 인정할 수 없다면서 핏대를 올리는 것이다. 자신보다 나은 사람이나 다른 사람 꼴을 보지 못하는 것이다. 당연히 그들을 자꾸 끌어내리려고 노력하는데 위화감도 그중 하나다. 결국 위화감은 하향적 평준화를 가져온다. 자신이 노력해서 잘될 생각을 하는 대신 잘 되는 사람을 끌어내리려 하는 것이다.

우리 사회에서 없애야 할 악습 중 하나가 바로 잘나가는 이의 발목을 잡는 일이다. 늘 트집 잡고 물고 늘어지는 이들이 있다. 그 밑바탕에는 위화감이 도사리고 있다. 이를 해결하는 방법은 무엇일까? 아예 위화감이란 말을 우리 사전에서 지워버리는 것이다. 아니면 미국처럼 부와 성공을 당당히 내보이고 축하하는 문화를 만드는 것이다.

우리가 진정 평등해지는 길은 서로를 끌어내리는 데 있지 않다. 오히려 우리 모두가 저마다의 색깔을 빛내는 데 있다. 각자의 개성을 존중할 때, 우리는 비로소 평등해질 수 있다.

26
좋은 의도가 왜
나쁜 결과를 부르는가

프랑스 혁명 후 정권을 잡은 로베스피에르는 국민을 위해 무엇이든 하고자 했다. 그의 첫 정책은 서민의 필수품인 우윳값을 동결하는 것이었다. 마치 지금의 최저임금제 인상과 비슷하다고 할 수 있다. 하지만 문제는 우유 공급자인 목장주들이었다. 우윳값이 묶이면서 그들은 건초값조차 건지지 못하게 된 것이다. 결국 목장주들은 할 수 없이 소를 팔기 시작했다.

이에 로베스피에르는 건초값마저 동결했다. 그는 문제의 본질은 외면한 채 겉으로 드러난 현상만을 대응하려 한 셈이다. 그 결과는? 우윳값의 폭등이었다. 모든 것을 선한 의도로 행했건만, 결과는 최악이었다.

이런 현상은 오늘날에도 흔하다. 임대료 상승을 막으려는 임대료 상한제가 오히려 전월세 가격을 폭등시키고, 일자리 보호를 위한 과도한 규제가 채용을 줄이는 결과를 낳는다. 선의에서 시작된 정책이 의도치 않은 부작용을 일으키는 것이다.

지옥으로 가는 길은 선의로 포장되기 마련이다. 중요한 건 선의 자체가 아니라 그것이 가져올 실제 결과다. 의도가 아무리 좋아도 결과가 나쁘다면, 그것은 좋은 정책이 될 수 없다.

로베스피에르의 사례는 정책에 거시적이고 장기적인 안목이 필요함을 보여준다. 당장의 현상에만 매달려 단기적 처방을 하다 보면 부작용만 커진다. 선의의 정책이라도 시장 원리와 인간 본성을 무시하면 더 큰 문제를 낳을 수 있다.

결국 중요한 것은 의도가 아닌 결과다. 선의가 실제로 가져올 결과와 부작용을 냉철하게 분석해야 한다. 선의로 가득 찬 정책이 오히려 재앙을 부를 수 있다는 역설을 기억해야 한다.

27
질서가 늘 좋은 것일까?

　　독일의 산림학자 리하르트 플로크만은 200년 전 요한 고틀립 백만이 원시림을 밀어내고 가지런히 심었던 가문비나무 인공림이 서서히 죽어가고 있음을 발견했다. 백만의 숲은 처음 몇 년간은 수익성이 좋았다. 하지만 2세대부터는 퇴행 조짐이 나타났다. 목재 생산량은 25%나 감소했고, 숲은 시들어갔다. 도대체 무슨 일이 벌어진 것일까?

　문제는 목재 생산에만 초점을 맞춘 숲의 설계에 있었다. 쓰러진 나무와 고사목을 치우는 것만으로도 숲속 야생동물의 3분의 1이 서식지를 잃는다. 생산성을 높이기 위해 다양성을 줄이자, 숲은 기생식물의 먹잇감이 되고 말았다. 1세대는 비옥한 부엽토 덕에 번성했지만, 이내 땅은 산성화되었다.

이에 플로크만은 인공림 대신 숲의 무질서와 다양성을 회복하는 데 공을 들였다. 그는 죽은 나무와 그루터기를 그대로 두고, 다양한 수종을 심었으며, 딱따구리와 거미도 다시 풀어놓았다. 그렇게 숲은 되살아났다. 건강한 숲에는 다양성이 필요했던 것이다. 무질서야말로 건강의 비결이었다.

우리 몸도 마찬가지다. 위궤양의 원인으로 알려진 헬리코박터 파일로리 균은 천식과 비만 위험을 낮춰준다. 몸속 세균과 우리의 관계는 복잡다단하다. 그런데 이런 세균의 다양성이 점차 사라지고 있다. 일상적인 항생제 복용, 강력세제와 손 소독제의 남용이 주된 원인이다. 이런 청결제들은 해로운 세균뿐 아니라 유익한 세균까지 죽인다.

제왕절개 출산의 증가 또한 한 원인이 된다. 제왕절개로 태어난 아기는 산도를 지나며 받는 풍부한 미생물 배양액을 얻지 못한다. 과도한 청결과 인위적 출산이 오히려 우리 건강을 위협하는 셈이다.

어떤 이들은 지나친 청결을 강조한다. 식당 수저가 더럽다며 아이를 위한 수저와 물을 따로 갖고 다니는 부모도 있다. 하지만 적절한 수준의 세균 노출은 오히려 면역력을 키우고 건강에 도움이 될 수 있다. 숲이 그러하듯, 우리 몸도 때로는 무질서와 다양성이 필요하다. 자연의 섭리가 우리에게 가르쳐주는 역설이다.

28
절정에 있다는 의미:
B급이 오래가는 이유

〈스포츠 일러스트레이트〉 표지 모델이 된 후 선수들의 성적이 하락하는 '스포츠 일러스트레이트 증후군' 이라는 말이 있다. 이 잡지의 표지를 장식한다는 건 그만큼 절정의 인기를 누리고 있다는 뜻인데, 왜 그 이후엔 성적 하락이 뒤따르는 걸까?

절정에 섰다는 건 곧 꺾일 가능성이 높다는 뜻이기 때문이다. 그래서 나는 정상보다는 7부 능선을, A급보다는 B급 강사를 지향한다. 전력투구 대신 내 힘의 70%만 쓰며 살고자 한다. 사람들은 안간힘을 쓰며 정상을 향해 달려간다. 하지만 정작 그곳은 생각만큼 화려하지 않다. 좁고 바람 세찬 그곳에선 오래 머물기 어렵다. 정상에 오르는 순간, 시기와 질투의 저격수가 등장하기 마련이다.

지금 당신은 정상을 향해 질주 중인가? 왜 꼭 정상에 올라야만 한다고 생각하는가? 과연 정상에서의 삶이 어떨지 진지하게 고민해본 적 있는가? 그리고 일단 올라간 후에는 어떻게 내려올 것인지를 생각해보았는가? 옛말에 높이 날아오른 용에게 후회만 남는다는 '항룡유회'亢龍有悔란 말이 있다.

성공의 절정에서 순식간에 추락하는 이들을 많이 봐왔다. 그들은 빛나는 정상을 향해 돌진하느라 내려올 준비는 하지 않은 것이다. 반면 B급으로 남는 이들은 꾸준함으로 승부한다. 번득이는 성공보다는 지속가능성에 무게를 싣는다. 찬란한 성공의 이면에는 치열한 경쟁과 스트레스가 도사리고 있다.

우리에게 필요한 건 내가 올라간 곳에서 얼마나 오래 머물 수 있을지, 그리고 행복할 수 있을지를 진지하게 고민하는 자세다. 그것이 바로 B급의 지혜이자, 지속 가능한 인생의 비결이 아닐까.

29
달리면서 보이는 것들이
더 많다

멈춰야만 보이는 게 있다. 높은 자리에 있는
이가 물러나야 보이는 것과 같은 이치다. 하지만 반대도 있
다. 멈추고 있으면 절대 못 보고 달려야만 마주하는 것들 말
이다. 순서로 보자면 일단 달리는 게 먼저다. 달리면서 보는
것이 우선이고 멈추는 건 그다음이다. 대부분의 일은 멈추면
보이는 게 아니라 멈추는 순간 끝이다.

가장 자주 듣는 말이 "좀 쉬고 싶다"는 것이다. 도대체 쉬
고 싶다는 게 뭘까? 무엇을 얼마나 했기에 쉬고 싶다는 걸
까? 쉬면 어떤 일이 벌어질지 상상이나 해봤나?

나는 평생 쉰 적이 없다. 쉬고 싶다는 생각도 별로 없었다.
왜 그랬을까? 나라고 쉬고 싶지 않았을까? 의식하진 못했지

만, 쉬는 순간 아웃이고 아무도 날 기억 못 할 거란 위기감 때문이 아니었을까. 그리고 쉬는 것이 본질을 바꾸지는 않을 것이라는 것을 알았기 때문이다. 삶은 대체로 달리는 자의 몫이다. 어려움 속에서도 계속 나아가는 자가 해답을 찾는다.

쉬고 싶다는 말, 정확히 무슨 뜻일까? 나는 이를 현실 도피로 해석한다. 힘드니 일단 피한 다음 생각해보겠다는 것이다. 그럴싸하지만 그리 바람직해 보이진 않는다. 내 방식은 아니다. 나는 현실 회피보다 정면 승부를 권한다. 해소보다는 해결을 추구한다. 쉬는 건 언제든 할 수 있지만, 멈춘 뒤 다시 시작하려면 더 큰 용기와 에너지가 필요하다. 쉬는 동안 남은 책임은 어떻게 될까? 당신 대신 일하는 누군가는 더 큰 무게를 감당하게 되진 않을까?

여러분은 생계 유지에 대해 어떻게 생각하나? 나는 그것이 가장 신성한 일이라 여긴다. 죽든 살든 우린 호랑이 등에 올라탄 격이다. 탄 채로 생각하는 게 옳지, 내릴 생각은 가능한 한 말아야 한다. 내리는 순간 호랑이 밥이 될 테니까.

달리는 중에 멈추면, 앞이 보이지 않는 법이다. 달리되, 달리는 와중에도 생각하자. 그것이 살아남는 유일한 길이다.

30
좋은 회사에서
나쁜 상사와 일하라

　직장인들은 항상 떠날지, 남을지, 지금 그만둘지, 나중에 그만둘지 고민한다. 이에 대한 판단에 도움이 될 만한 이야기를 해보고 싶다. 우선 상황을 네 가지로 구분해보자. 좋은 회사의 나쁜 상사, 좋은 회사의 좋은 상사, 나쁜 회사의 좋은 상사, 나쁜 회사의 나쁜 상사가 그것이다.

　좋은 회사에서 좋은 상사와 함께 일하는 것은 분명 좋은 일이다. 반면, 나쁜 회사의 나쁜 상사는 최악의 조합이다. 이는 두말할 나위가 없다. 하지만 좋은 회사에서 좋은 상사와 일하는 것은 온실 속 화초와 같다. 특히 첫 직장이 그토록 완벽하다면, 다른 곳에 적응하기 힘들 수 있다. 세상이 다 그렇게 만만한 것으로 착각할 가능성도 있다.

내가 생각하는 최적의 조합은 좋은 회사에서 나쁜 상사와 일하는 것이다. 왜 그럴까? 정말로 좋은 회사라면, 그 사람은 나쁜 상사가 아니라 까다롭고 기대치가 높은 상사일 것이기 때문이다. 나쁜 상사가 아니라, 지금 당신의 눈에 나쁜 상사처럼 보일 뿐이다. 진짜 나쁜 상사라면 그 회사에서 버티기 어려웠을 테니까. 그런 까다롭고 기대치가 높은 상사 밑에서 인내심을 기를 수 있고, 좋은 회사의 유능한 동료들로부터 값진 경험과 지혜를 배울 수 있어서 좋은 것이다.

나쁜 회사에는 좋은 상사가 많지 않다. 그런 회사에 머무는 사람들은 대개 갈 곳이 없어 남아 있는 이들이다. 설사 있더라도, 좋은 부하 직원을 보호하다가 상사도 지치고 본인도 정치적 난민이 될 수 있다. 게다가 이류로 평가받는 회사에서 일한 후 새 직장을 구하기란 쉽지 않다.

핵심은 배울 것이 있느냐 없느냐다. 당신의 성장 가능성을 결정하는 것은 상사의 성격이 아닌, 조직의 수준이다. 좋은 회사에서 까다로운 상사와 일하고 있다면, 그것은 축복이다. 인내하고 배우라. 반면 나쁜 회사에서 좋은 상사를 만났다면, 그곳에 미련을 두지 말라. 당신의 성장을 위한 더 나은 환경을 찾아 떠나는 것이 현명하다.

모두가 힘들다고 할 때
기회가 있다

초판 1쇄 발행 | 2025년 1월 17일

지은이 | 한근태

펴낸이 | 김윤정
펴낸곳 | 글의온도
출판등록 | 2021년 1월 26일(제2021-000050호)
주소 | 서울시 종로구 삼봉로 81, 442호
전화 | 02-739-8950
팩스 | 02-739-8951
메일 | ondopubl@naver.com
인스타그램 | @ondopubl

© 한근태
ISBN 979-11-92005-60-7   (03320)